中国法院2025年度案例

国家法官学院　最高人民法院司法案例研究院 / 编

提供劳务者受害责任纠纷

中国法治出版社
CHINA LEGAL PUBLISHING HOUSE

《中国法院2025年度案例》通讯编辑名单

序

为深入学习贯彻习近平法治思想，落实习近平总书记“一个案例胜过一打文件”的重要指示精神，人民法院始终把完善中国特色案例制度，加强以案释法作为推进全面依法治国、支撑和服务中国式现代化的重要途径。人民法院案例库向社会开放一年多来，最高人民法院始终坚持高标准建设，实现入库案例对常见案由和罪名全覆盖，对于促进法律适用统一，实现严格公正司法发挥了重要作用。

“中国法院年度案例系列”丛书以及时记录人民法院司法审判工作新发展、新成就为己任，通过总结提炼典型案例的裁判规则、裁判方法和裁判理念，发挥案例鲜活生动、针对性强的优势，以案释法，以点带面，有针对性地阐释法律条文和立法精神，促进社会公众通过案例更加方便地学习法律，领悟法治精神，体现司法规范、指导、评价、引领的重要作用，大力弘扬社会主义核心价值观，积极服务人民法院案例库建设，加强对案例库案例的研究，促进统一法律适用，提升审判质效，丰富实践法学研究，增强全民法治意识和法治素养，展现新时代我国法治建设新成就。

“中国法院年度案例系列”丛书自2012年编辑出版以来，已连续出版13年，受到读者广泛好评。为更加全面地反映我国司法审判执行工作的发展进程，顺应审判执行实践需要，响应读者需求，丛书于2014年度新增金融纠纷、行政纠纷、刑事案例3个分册，2015年度将刑事案例调整为刑法总则案例、刑法分则案例2个分册，2016年度新增知识产权纠纷分册，2017年度新增执行案例分册，2018年度将刑事案例扩充为4个分册，2022年度将土地纠纷（含林地纠纷）分册改为土地纠纷（含环境资源纠纷）分册。自2020年起，丛书由国家法官学院与最高人民法院司法案例研究院共同编辑，每年年初定期出版。在全国各级人民法院的大力支持下，丛书编委会现编辑出版《中国法院2025年度案例系列》丛书，共23册。

“中国法院年度案例系列”丛书以开放务实的态度、简洁明快的风格，在编辑过程中坚持以下方法，努力让案例书籍“好读有用”：一是高度提炼案例内容，控制案例篇幅，每个案例字数基本在3000字左右；二是突出争议焦点，力求在有限的篇幅内为读者提供更多有效信息，便于读者快速抓取案例要点；三是注重释法说理，案例由法官撰写“法官后语”，高度提炼、总结案例的指导价值，引发读者思考，为司法审判提供借鉴，为法学研究提供启迪。

“中国法院年度案例系列”丛书编辑工作坚持以下原则：一是以研究案例库案例为首要任务。自2024年起，“中国法院年度案例系列”丛书优先选用人民法院案例库案例作为研究对象，力求对案例库案例裁判要旨的基本内涵、价值导向、法理基础、适用要点等进行深入分析，增强丛书的权威性、参考性。二是广泛选编案例。国家法官学院和最高人民法院司法案例研究院每年通过各高级人民法院从辖区法院汇集上一年度审结的典型案例近万件，使丛书有广泛的精选基础，通过优中选优，可提供给读者新近发生的多种类型的典型、疑难案例。三是方便读者检索。丛书坚持以读者为本，做到分卷细化，每卷案例主要根据案由或罪名分类编排，每个案例用一句话概括裁判要旨或焦点问题作为主标题，让读者一目了然，迅速找到目标案例。

中国法治出版社始终全力支持“中国法院年度案例系列”丛书的出版，给了编者们巨大的鼓励。2025年，丛书将继续提供数据库增值服务。购买本系列丛书，扫描腰封二维码，即可在本年度免费查阅往年同类案例数据库。我们在此谨表谢忱，并希望通过共同努力，逐步完善，做得更好，探索出一条充分挖掘好、宣传好人民法院案例库案例和其他典型案例价值的新路，为广大法律工作者和社会公众提供权威、鲜活、精准的办案参考、研究素材，更好地服务司法审判实践、服务法学教育研究、服务法治中国建设。

“中国法院年度案例系列”丛书既是法官、检察官、律师等法律工作者的办案参考和司法人员培训辅助教材，也是社会大众学法用法的经典案例读本，同时为教学科研机构开展案例研究提供了良好的系列素材。当然，编者们在编写过程中也难以一步到位实现目标愿景，客观上会存在各种不足甚至错误，欢迎读者批评指正。我们诚心听取各方建议，立足提质增效，不断拓宽司法案例研究领域，创新司法案例研究方法，助推实现中国特色司法案例研究事业的高质量发展。

国家法官学院　最高人民法院司法案例研究院

2025 年 3 月

目　录

Contents

一、劳务关系的确定

二、劳务关系与承揽关系的区分

三、接受劳务者与提供劳务者的责任划分

四、接受劳务者与其他被告、第三人之间的责任划分

五、赔偿协议与标准

六、义务帮工的认定与责任承担

附录

一、劳务关系的确定

1

劳务关系的认定及提供劳务者受害的责任认定

——周某诉徐某等提供劳务者受害责任案

【案件基本信息】

1. 裁判书字号

浙江省丽水市莲都区人民法院（2023）浙1102民初2344号民事判决书

2. 案由：提供劳务者受害责任纠纷

3. 当事人

原告：周某

被告：徐某、麻某、某市政园林公司

【基本案情】

2022年，某市政园林公司承建了某区某产业配套项目，徐某系该工程现场管理人员，徐某让麻某用其所有的水泥搅拌机到现场从事水泥搅拌工作，周某受雇于麻某为其操作水泥搅拌机，周某的工资系麻某支付。2022年7月10日，周某在操作该水泥搅拌机时发现该机器发生故障，并将该情况告知麻某，麻某告知其暂停施工。周某在将发电机电闸关闭检查机器的过程中，发电机启动导致水泥搅拌机运转，造成其左手三根手指被切断、大拇指骨折的事故。发生事故时麻某不在现场。周某受伤后被送往甲医院住院治疗，共住院7天，产生医疗费24594.59元，麻某已垫付医疗费8700元。周某治疗终结后申请司法鉴定，甲司法鉴定所于2023年3月16日出具司法鉴定意见书，评定：（1）被鉴定人周某外伤致左拇指近远节指骨粉碎性骨折伴指间关节脱位，左中环小指远节指骨缺损伴软组织挫裂伤，左小指中节指骨骨折，经手术治疗，现遗留左手功能丧失分值35分，已构成人体损伤致残程度分级九级残疾；（2）被鉴定人周某休息90日，护理期30日，营养期30日。另查明，某市政园林公司因案涉项目建设向保险公司投保了《建筑工程团体意外伤害保险》，其中意外伤害残疾保险每人保额500000元，意外伤害医疗保险每人保额50000元，保险期间自2021年12月30日至2022年8月27日。

【案件焦点】

1. 周某与徐某、麻某、某市政园林公司间是否存在劳务关系，如果存在劳务关系，周某与谁存在劳务关系；2. 周某因提供劳务所造成的损失应由谁承担，责任如何分配；3. 建设单位是否应当承担监管责任。

【法院裁判要旨】①

浙江省丽水市莲都区人民法院经审理认为：关于当事人之间的关系问题，周某诉称其系由徐某、麻某、某市政园林公司雇佣，某市政园林公司辩称，周某非其所雇佣，徐某辩称，其仅为工地管理人员而非接受劳务者，麻某辩称，周某系为其操作搅拌机，法院认为，从各方当事人在庭审陈述中的工资发放、日常管理的情况分析，周某实际受雇于麻某，而非受雇于徐某、某市政园林公司，各方当事人应当按照各自的过错承担相应的责任。某市政园林公司辩称其已将该工程内部承包给案外人李某，其非适格被告，但未提供相应的证据，应承担举证不力之后果，对该辩称意见，法院不予采纳。《中华人民共和国民法典》第一千一百九十二条第一款规定，个人之间形成劳务关系，提供劳务一方

---

① 本书【法院裁判要旨】适用的法律法规等条文均为案件裁判当时有效，下文不再对此进行提示。

因劳务受到损害的，根据双方各自的过错承担相应的责任。本次事故中，麻某作为接受劳务的一方未在现场指导，虽通过电话进行过停止施工提醒，但也存在指导提醒不到位从而导致了事故发生，对损害结果应负部分责任；周某作为提供劳务一方，在施工过程中未能根据麻某的指示停止工作，对损害结果的发生有直接关系，应承担主要的责任；徐某系现场管理人员，未能尽到现场管理责任，对损害结果发生亦有一定过错，但该责任应由作为案涉项目的建设单位即某市政园林公司承担。法院综合事故的实际情况，酌情认定损失应由麻某、某市政园林公司各负20%的赔偿责任，其余60%的责任由周某自行承担。

浙江省丽水市莲都区人民法院依照《中华人民共和国民法典》第一千一百九十二条，《最高人民法院关于审理人身损害赔偿案件适用法律若干问题的解释》（2022修正）第六条、第七条、第八条、第九条、第十条、第十一条、第十二条、第二十三条，《最高人民法院关于确定民事侵权精神损害赔偿责任若干问题的解释》第一条，《最高人民法院关于适用〈中华人民共和国民事诉讼法〉的解释》第九十条的规定，判决如下：

一、周某因本次受伤造成的各项合理损失共计243067.49元，由麻某承担20%的赔偿责任即48613.5元（扣除已垫付的8700元后，麻某还需赔付39913.5元），由某市政园林公司承担20%的赔偿责任即48613.5元，上述款项于本判决生效之日起十五日内付清；

二、驳回周某的其他诉讼请求。

宣判后，双方当事人均未上诉，一审判决已经生效。

【法官后语】①

一、劳务关系及主体的认定

本案虽未涉及劳务关系与承揽关系的区分，但徐某、麻某、某市政园林公司均对周某诉称的劳务关系的主体提出异议，故本案的首要争议焦点即为劳务

① 本书【法官后语】对此类法律问题涉及的法律法规等内容进行了时效性更新，下文不再对此进行提示。

关系主体的认定，而劳务关系与承揽关系的区分始终是司法实践中最具有争议的问题，据此可以通过劳务关系与承揽关系的对比认定劳务关系的主体。立足于实务中对两者的甄别、区分存在较大的难度。一来两者在本质上皆属劳务性合同，具有相当程度的相似性；二来目前我国司法实践仍未对两者的界分形成统一、明确的标准。

（一）劳务关系与承揽关系的认定标准

1. 劳务关系的认定标准

（1）劳务者向用工者提供一次性的或者是特定的劳动服务；

（2）用工者依约向劳务者支付劳动报酬；

（3）劳务者与用工者之间不存在长期、稳定的劳动关系。

2. 承揽关系的认定标准

（1）承揽人根据定作人的要求完成一定的工作并交付工作成果；

（2）定作人接受工作成果并支付报酬；

（3）承揽人具备一定的专业技能，能够独立完成工作任务。

（二）劳务关系与承揽关系的区别

1. 目标不同：劳务关系的目标是劳务者向用工者提供劳务，强调的是过程；承揽关系的目标是承揽人完成工作并交付成果，强调的是结果。

2. 技能要求不同：劳务关系中，劳动者不一定需要具备特定的专业技能；而承揽关系中，承揽人需要具备一定的专业技能，能够独立完成工作任务。

本案中，法院综合劳务关系形成的过程、工资发放的主体以及管理主体等因素认定麻某与周某成立劳务关系，徐某、某市政园林公司与周某不成立劳务关系。

二、劳务关系中提供劳务者受害时的责任认定

《中华人民共和国民法典》第一千一百九十二条第一款规定，个人之间形成劳务关系，提供劳务一方因劳务受到损害的，根据双方各自的过错承担相应的责任。该款确立了劳务关系中提供劳务者受害时责任分配的原则，但也赋予了法院很大的自由裁量权。司法实践中，法院一般会考量接受劳务者对提供劳

务者的选任和管理情况、接受劳务者对提供劳务者工作过程及结果的控制能力、接受劳务者是否尽到充分的告知说明义务及安全保障义务等多种因素综合确定责任分配的比例。本案中，在机器已经明显发生故障的情况下，接受劳务者已经明确要求提供劳务者停止工作，但提供劳务者仍不听劝阻继续操作机器导致事故发生，故周某作为提供劳务者应当承担主要责任。而作为接受劳务者的麻某未尽到充分的说明提示义务，应当承担次要责任。需要注意的是，根据司法实践，提供劳务者受害责任纠纷当前多发生在工程施工领域，工程层层分包并不罕见，这无疑对发包方、承包方、分包方等多维主体对施工人的监管和管理提出了更高的要求，因此一般侵权纠纷常常与提供劳务者受害责任纠纷交织在一起，建设单位、施工单位等对项目负有管理和监管义务的主体常常因管理和监管不到位而被法院认定应当承担部分责任。本案徐某和某市政园林公司即没有充分尽到现场管理责任而承担了次要责任。

编写人：浙江省丽水市莲都区人民法院　白峰铭

2

提供劳务者受害责任纠纷中劳务关系的认定

——陈甲诉某农业专业合作社等提供劳务者受害责任案

【案件基本信息】

1. 裁判书字号

新疆维吾尔自治区昌吉回族自治州中级人民法院（2023）新 23 民终 2564 号民事判决书

2. 案由：提供劳务者受害责任纠纷

3. 当事人

原告（被上诉人）：陈甲

被告：许甲

被告（上诉人）：某农业专业合作社

被告（被上诉人）：赵甲

【基本案情】

2020年7月，某农业专业合作社与赵甲签订《粉碎造粒劳务承包合同》一份，约定合作社将滴灌带、水带粉碎造粒劳务承包给赵甲，合同到期后双方未再续签。此后，赵甲联系陈甲以及其妻子过来务工，并向陈甲发放工资。2022年10月17日，陈甲在工作过程中，由于机械设备缺乏防护装置，左手卷入机器，造成多处骨折及关节脱位，住院治疗。治疗终结后，经司法鉴定所评定属七级伤残，误工期120日，护理期90日，营养期60日。本次受伤造成陈甲各项经济损失，陈甲多次要求某农业专业合作社、许甲、赵甲赔偿损失，许甲陆续支付53422.55元，剩余353634.06元拒不赔偿，陈甲为维护自身合法权益，诉至法院。

【案件焦点】

1. 本案责任主体是谁；2. 本案三个被告如果应承担责任，应当承担什么样的责任。

【法院裁判要旨】

新疆维吾尔自治区奇台县人民法院经审理认为：本案中，某农业专业合作社作为生产经营单位，应当加强安全生产管理，如实向从业人员告知作业场所和工作岗位存在的危险因素、防范措施，还必须为从业人员提供符合国家标准或行业标准的劳动防护用品，并监督从业人员按照使用规则佩戴使用，但其未尽到上述法律规定的义务，应当承担相应的赔偿责任。赵甲联系陈甲前往某农业专业合作社场地进行工作，并且陈甲的工资亦由其支付，双方在事实上形成了个人劳务关系，是造成陈甲健康权受损的先行因素，应当承担相应的赔偿责任。许甲作为某农业专业合作社的法定代表人，其履行的是职务行为，在本案中不承担赔偿责任。陈甲作为完全民事行为能力人，且其从事该工种多年，在劳动过程中应当预见此劳动过程存在的危险性，但其在劳动过程中未采取正常合理防护措施，自身对事故的发生存在过错，应当自行承担部分责任，比例为35%；赵甲在陈甲干活期间未尽到相应的管理责任，应承担相应赔偿责任，比例应为10%；某农业专业合作社作为用工单位，未尽到安全防护义务，未考虑劳动者长期疲劳作业后果，未体现人性化管理，致使陈甲健康权受损，应当承担主要赔偿责任，比例为55%。

新疆维吾尔自治区奇台县人民法院依照《中华人民共和国民法典》第一千一百九十二条，《最高人民法院关于审理人身损害赔偿案件适用法律若干问题的解释》（2022修正）第六条、第七条、第八条、第九条、第十条、第十一条、第十二条、第二十三条，《最高人民法院关于适用〈中华人民共和国民事诉讼法〉的解释》第九十条，《中华人民共和国民事诉讼法》第四十条第二款、第一百四十七条之规定，判决如下：

一、被告某农业专业合作社于本判决生效之日起十五日内向原告陈甲赔偿各项损失共计168698.57元；

二、被告赵甲于本判决生效之日起十五日内向原告陈甲赔偿各项损失共计40385.66元；

三、驳回原告陈甲其他诉讼请求。

某农业专业合作社不服一审判决，提起上诉。

新疆维吾尔自治区昌吉回族自治州中级人民法院经审理认为：一审法院综合考虑本案发生的时间、地点及各方当事人的过错大小，判决上诉人某农业专业合作社承担55%的责任，被上诉人赵甲承担10%的责任，被上诉人陈甲承担35%的责任适当。上诉人某农业专业合作社与赵甲之间签订的《粉碎造粒劳务承包合同》中第六条第三项关于意外事故的责任约定，只对双方具有效力，故对上诉人某农业专业合作社的意见不予采信。

新疆维吾尔自治区昌吉回族自治州中级人民法院依照《中华人民共和国民事诉讼法》第一百四十七条、第一百七十七条第一款第一项、第一百八十一条规定，判决如下：

驳回上诉，维持原判。

【法官后语】

近年来，随着民营经济的快速发展，个人与个人之间的劳务关系，个人与非个人之间的劳务关系逐渐成为民事法律关系中的重要内容，如何认定个人之间的劳务关系，对明确各主体赔偿范围，保护各方当事人的合法权益意义重大。

1. 劳务关系一般具有临时性用工性质。劳务关系是由两个或两个以上的平等主体通过书面或口头形式建立的一种民事权利义务关系。司法实践中，大多劳务关系具有临时用工性质，工作任务不固定，工作地点不固定，通常情况下，劳务主体之间没有书面合同，没有明确双方的权利义务，因此劳务关系的认定存在难度，特别是在建筑装修行业，可能存在多重发包承包关系与劳务关系并存的情况，需要考虑各种因素进行综合分析。双方是否存在劳务关系，首先看是否存在书面的约定或合同，如若没有，可以审查双方之间是否存在短信微信聊天记录、报酬支付凭证、电话录音等，若以上都没有，则应当考虑按承揽合同纠纷审查处理。

2. 个人劳务关系对于提供劳务方的管理相对松散。个人与非个人之间的劳务关系有别于劳动关系，具有提供临时性劳务性质，劳务者留去自由，没有严格规章制度或双方权利义务合同条款约束。个人之间形成的劳务关系，接受劳务方一般以处理自身或者家庭事务为目的。若提供劳务涉及多方发包人或承包人，则还要审查他们是否对提供劳务者进行监督和管理，是否提供工作场所、劳动设备工具，或限定时间完成，是连续性劳务还是一次性劳务，提供劳务者是否收到对方工作指示及回复，完成劳务后是否向其报告，依据管理松散度和管理指向性来判断双方系劳务关系还是劳动关系。

本案中，某农业专业合作社将滴灌带、水带的粉碎造粒的劳务通过签订承包合同的形式承包给赵甲，双方合同期满后再未续签，陈甲由赵甲雇佣并支付工资，并在某农业专业合作社从事劳动工作，三方之间存在较为松散的管理关系，陈甲与赵甲之间构成个人劳务关系。某农业专业合作社虽未直接支配、管理陈甲，但其作为用工单位，亦是场地、设备的提供方，其在明知设备、工人24小时运转的前提下，未及时做到安全巡查、隐患消除及指导工人佩戴防护设备等义务，造成了最终的损害后果，应当承担主要法律责任。陈甲自身未尽到安全注意义务，未按规定佩戴安全防护措施，赵甲作为接受劳务一方，未尽到管理责任，也应在过错范围内，各自承担一定比例责任。

松散型的劳务关系较之规范化的劳动关系或者相对固定明确的劳务关系在确认法律关系时难度更大，中间人履约和赔付能力有限，当事人维权成本和败诉风险更高。因此基层组织、行业管理部门或司法行政部门有必要进一步加强对此类经营行为的规范化引导，使得各方更加明确各自的权利义务、法律风险，从而加强管理、避免成诉。人民法院在办理此类案件过程中，也应发挥案例引导作用，通过全方位、多角度的宣传引导，推动劳务关系各方严格按照法律规定从事生产经营活动，尽量防范化解可能产生的风险，提高解纷的效能，以促进社会进一步和谐。

编写人：新疆维吾尔自治区奇台县人民法院　樊玉伟

3

主客观因素综合考量下对接受劳务者的认定

——刘某甲等诉某膜结构公司等提供劳务者受害责任案

【案件基本信息】

1. 裁判书字号

浙江省绍兴市中级人民法院（2023）浙06民终2027号民事判决书

2. 案由：提供劳务者受害责任纠纷

3. 当事人

原告（被上诉人）：刘某甲、吴某、张某、刘某乙、刘某丙、刘某丁

被告（上诉人）：某膜结构公司

被告：任某、姚某

第三人：焦某

【基本案情】

刘某于 2022 年 3 月 6 日在案外人甲公司厂区内搭建遮阳篷工地现场因从高处坠落死亡。

该项钢棚工程系甲公司发包给某膜结构公司，某膜结构公司又与第三人焦某订立了分包合同，将部分工作分包给了第三人焦某。刘某系第三人焦某叫来作为现场领班，焦某将刘某联系方式及身份证告诉某膜结构公司的法人任某，某膜结构公司购买了接受劳务者责任保险。在案涉搭建遮阳篷工程施工过程中，某膜结构公司法人任某与焦某数次就工程中具体施工要求、施工工具、施工材料、现场保护、人员到位等事宜进行沟通，其中 2022 年 2 月 24 日的对话中，任某要求“那边的工人一定要跟原来做的一样”，2022 年 2 月 25 日的对话中，任某对工人的安全提出要求。

刘某在作业过程中坠落死亡后，2022 年 5 月 8 日，原告方委托诉讼代理人与某膜结构公司签订书面协议一份，协议载明：“因刘某在乙方承包的甲公司厂内工程作业过程中，出现安全事故，刘某死亡，现经甲乙双方协商达成如下协议：一、乙方先行支付甲方人民币 10 万元，甲方配合乙方办理好相关保险理赔事宜；二、甲方同意，协议第一条中的 10 万元及保险理赔款今后在法院生效法律文书中确定乙方应赔付的款项中给乙方予以抵扣，10 万元及保险理赔款均视为乙方已支付款项。乙方前述款项同意汇入甲方张某账号。”后某膜结构公司通过姚某于 2022 年 4 月 28 日支付死者家属张某 10 万元；死者家属通过被告某膜结构公司为刘某投保的保险获得赔偿 425125.77 元。

【案件焦点】

焦某和某膜结构公司哪一方应当被认定为接受劳务者并承担刘某死亡的赔偿责任。

【法院裁判要旨】

浙江省绍兴市上虞区人民法院经审理认为：双方应当就由谁承担接受劳务者责任承担举证责任。原告方作为死者家属已举证刘某工作中死亡的过程、现场承揽方主体以及后续保险理赔情况，已完成其主张某膜结构公司承担接受劳务者责任的举证。某膜结构公司应当围绕焦某的分包关系且焦某是刘某的接受劳务者进行举证抗辩。本案中，通过微信内容、与焦某的相关协议，能够确认某膜结构公司将案涉工程的搭建部分分包给焦某，且刘某系焦某叫来的事实，但本案中某膜结构公司参与工程管理并购买接受劳务者责任保险，符合其作为直接承揽人是现场施工工人的接受劳务者的特征。且某膜结构公司要达到焦某系刘某的接受劳务者的证明目的应当在分包关系的确定以及刘某系焦某所叫的基础上进一步举证证明刘某对分包关系或协议内容知晓或者应当知晓，但未有证据证明分包协议向刘某进行有效披露告知。综上，某膜结构公司应当承担举证不足的不利后果，即承担对应的接受劳务者责任。

浙江省绍兴市上虞区人民法院依照《中华人民共和国民法典》第一千一百六十五条、第一千一百七十三条、第一千一百七十九条、第一千一百八十三条，《最高人民法院关于审理人身损害赔偿案件适用法律若干问题的解释》（2020 修正）第一条、第十四条、第十五条、第十六条、第十七条和《中华人民共和国民事诉讼法》第六十四条第一款之规定，判决如下：

一、被告某膜结构公司应赔偿原告方死亡赔偿金、丧葬费、被扶养人生活费合计金额 1998391 元的 65%即 1298954. 15 元，扣除已赔偿款 525125. 77 元，应支付 773828. 38 元，精神损害赔偿金 35000 元；以上合计 808828. 38 元于本判决生效之日起十五日内履行。

二、驳回原告的其他诉讼请求。

某膜结构公司不服一审判决，提起上诉。

浙江省绍兴市中级人民法院同意一审法院裁判意见，判决：

驳回上诉，维持原判。

【法官后语】

在提供劳务者受害责任纠纷中，如何认定存在劳务关系主要从以下客观方面进行考量：(1) 当事人之间是否存在控制、支配和从属关系；(2) 是否由一方指定工作场所、提供劳动工具或设备、限定工作时间；(3) 劳动报酬由谁支付。

本案中，虽然刘某确系焦某叫来工作，且由于工作时间过短，没有支付劳动报酬的记录。但原告方作为死者家属已举证刘某在施工现场工作中死亡的过程、某膜结构公司系工程承揽方以及后续保险理赔情况、某膜结构公司出面与家属签订善后协议情况。根据现有证据可以认定，某膜结构公司作为工程承揽人，与焦某有数次就工程中具体施工要求、施工工具、施工材料、现场保护、人员到位等事宜的沟通，可以认定其通过焦某对安装工程工人有指示、支配行为，工人与某膜结构公司之间有从属关系。且安装工人也是在某膜结构公司指定工作场所进行安装作业的，某膜结构公司也为现场工人购买了接受劳务者责任险、在事发后与家属签订了善后协议。因此，原告方已尽到举证义务。

本案中，某膜结构公司辩称其将部分工作分包给了第三人焦某，其与刘某不存在劳务关系，焦某才是接受劳务者并应承担接受劳务者责任。根据其提供的证据，能够认定其与焦某存在分包关系且死者刘某是焦某叫来工作的，但并不能证明刘某知晓自己受焦某雇佣且在工作中仅受焦某指示，因此某膜结构公司提供的证据并不足以证明其与刘某不存在劳务关系，应承担举证不利的后果。

需要指出的是，承办人在认定某膜结构公司是接受劳务者时运用了“提供劳务者视角”，即考虑了现有证据是否能够证明受害者主观上知道自己的接受劳务者是谁。这是因为在提供劳务者受害责任纠纷中，尤其是涉及工程层层分包、转包的提供劳务者受害责任纠纷中，提供劳务者及其家属往往是农民工群体，他们相对而言往往在应诉能力方面处于弱势地位。因此，若无法确认提供劳务者主观上知道谁是接受劳务者，即应当在综合考量时适当降低对他们的举证要求，正确分配举证责任，做到程序正义和实体正义的统一。

编写人：浙江省绍兴市上虞区人民法院　丁文杰　屠奔

4

外卖骑手遭受意外伤害后的权利救济问题

——齐某丙诉山东某网络科技有限公司、某保险公司提供劳务者受害责任案

【案件基本信息】

1. 裁判书字号

山东省德州市中级人民法院（2024）鲁14民终753号民事判决书

2. 案由：提供劳务者受害责任纠纷

3. 当事人

原告（被上诉人）：齐某丙

被告（被上诉人）：山东某网络科技有限公司

被告（上诉人）：某保险公司

【基本案情】

2021年1月18日，山东某网络科技有限公司作为甲方与齐某丙作为乙方签订《承揽合同》一份，约定乙方自愿利用甲方提供的某外卖平台承揽某配送业务，承揽标的是山东省德州市开发区。齐某丙2021年3月8日晚在配送的过程中不慎摔伤。其补充提交的甲医院的DR检查报告单显示就诊时间2021年3月8日20时52分，X线诊断为：（1）右肩锁关节分离；（2）建议必要时进一步检查肋骨排除骨折。后于2021年3月9日至3月14日期间在乙医院住院治疗5天，入院诊断为右肩锁关节脱位。后于2022年7月2日至7月5日住院治疗3天，共计花费医疗费9864.1元。某村出具证明一份载明，刘某还有两个女儿齐某甲和齐某乙，现刘某由齐某甲、齐某丙抚养。

另查明，山东某网络科技有限公司作为投保人为其提供劳务者齐某丙在某保险公司投保《骑手接受劳务者责任保险》，保险期间自2021年3月8日0时至2021年3月9日0时。保险合同载明的医疗费用赔偿限额为5万元，死亡赔偿限额为65万元。保障期限：骑手排班表时间范围内及上下班时间……伤残保险金按照《职工工伤与职业病致残程度鉴定标准》，十级伤残对应的赔付比例为5%。误工补贴住院期间按照每天赔偿标准150元或骑手每天实际工资（二者取低）进行补偿，单次事故不超过90天，评定伤残等级后，该责任终止。营养补贴为住院期间50元/天，单次事故不超过90天，评定伤残等级后，该责任终止。庭后山东某网络科技有限公司经在系统内核实，2021年3月8日晚，齐某丙最后一单的截止时间为20时17分。

另查明，经齐某丙申请，法院依法委托某司法鉴定中心按照《劳动能力鉴定 职工工伤与职业病致残等级》对齐某丙的伤残等级、误工期限、营养期限、护理期限及人数等进行鉴定。该中心2023年4月12日出具《司法鉴定意见书》载明："1. 被鉴定人齐某丙右肩锁关节脱位，肩锁韧带及关节囊损伤撕裂，遗留右肩关节轻度功能障碍，构成职工工伤十级伤残。2. 被鉴定人齐某丙误工时间120日，营养期限30日，护理期限45日，住院期间需二人护理，院外需一人护理。"齐某丙垫付鉴定费用2100元。

【案件焦点】

1. 齐某丙与山东某网络科技有限公司的关系；2. 案涉保险单的特别约定是否属于免责条款。

【法院裁判要旨】

山东省德州市德州经济技术开发区人民法院经审理认为：首先，关于齐某丙与山东某网络科技有限公司的关系。齐某丙与山东某网络科技有限公司虽然签订了《承揽合同》，但根据该合同的约定及齐某丙的工作内容，该合同涉及的是齐某丙为山东某网络科技有限公司提供外卖配送劳务，双方之间符合劳务关系的特征，而且山东某网络科技有限公司为齐某丙投保的保险为接受劳务者责任险，因此认定齐某丙是山东某网络科技有限公司的提供劳务者并无不当，保险公司以齐某丙与山东某网络科技有限公司之间系承揽关系为由主张其不承担赔偿责任，不能成立。故某保险公司应按照保险合同的约定履行自己的赔付义务，不足部分由山东某网络科技有限公司依法赔偿。齐某丙与山东某网络科技有限公司签订的承揽合同并不影响某保险公司承担保险赔偿义务。其次，关于案涉保险单的特别约定是否属于免责条款的问题。案涉骑手接受劳务者责任保险保险单特别约定部分载明：医疗费用赔偿限额为 50000 元，且就医的医院需为二级及以上的公立医院，医疗费不包含护理费、伙食费及营养费；伤残保险金按照《职工工伤与职业病致残程度鉴定标准》，十级伤残对应的赔付比例为 5%；误工补贴住院期间按照每天赔偿标准 150 元或骑手每天实际工资（二者取低）进行补偿，单次事故不超过 90 天，评定伤残等级后，该责任终止；营养补贴为住院期间 50 元/天，单次事故不超过 90 天；赔偿金额不包含精神抚慰金。上述保险单特别约定的条款系上诉人单方制作的格式条款，且条款对医疗费、伤残保险金、营养补贴等项目的赔付进行了限制，应当认定该条款系减轻保险公司责任的条款，应属于免责条款。案涉投保单无山东某网络科技有限公司的盖章，保险公司也未能提交充分证据证明已就该特别约定条款对投保人尽到了提示或告知义务，故此认定该特别约定条款对投保人不产生法律效力符合法律规定。齐某丙享有获得赔付医疗费、住院伙食补助费、伤残赔偿金、误工费、营养费、护理费等权利，同时，接受劳务者责任险属于财产险，保险标的是接受劳务者对提供劳务者应当承担的责任，即某保险公司应向齐某丙支付赔偿金 70885.5 元。

山东省德州市德州经济技术开发区人民法院依据《中华人民共和国民法典》第一千一百七十九条，《中华人民共和国保险法》第十七条，《最高人民法院关于审理人身损害赔偿案件适用法律若干问题的解释》第六条、第七条、第八条、第九条、第十条、第十一条、第十二条、第十六条、第十七条、第二十三条，《中华人民共和国民事诉讼法》第六十七条之规定，判决如下：

一、被告某保险公司于本判决生效之日起十日内在保险限额内向原告齐某丙赔偿医疗费、住院伙食补助费、伤残赔偿金、误工费、营养费、护理费等共计 70885.5 元；

二、驳回原告齐某丙的其他诉讼请求。

某保险公司不服一审判决，提起上诉。

山东省德州市中级人民法院同意一审法院裁判意见，判决：

驳回上诉，维持原判。

【法官后语】

在现代社会，外卖服务已成为许多人生活中不可或缺的一部分。随着外卖行业的蓬勃发展，越来越多的劳动者加入外卖骑手的行业，从业人员的增多，加之外卖行业对于时间及效率的高要求，随之而来的就是意外事故，尤其是交通事故的频发，引发了公众对于责任归属和赔偿问题的关注。外卖平台这种新的用工模式为社会提供了大量灵活就业岗位。但因极大的灵活性、自主性及不同于传统用工模式，使得在意外事故发生时，平台与骑手用工关系的认定以及赔偿主体成为司法实践难题。

首先，对于外卖平台与骑手之间的法律关系，应综合进行分析，先确定法律关系才能确定骑手受伤后的权利救济途径。因不同行业本身存在固有差异，故即便皆依托于平台经济，模式亦存在一定差别。就外卖平台而言，当前典型用工模式有：直营模式、“网约工”模式和代理商模式。后两种属于新型用工模式，易引发争议。(1) 直营模式即传统用工模式，平台公司与外卖骑手签订劳动合同，双方存在劳动关系，外卖平台发展起步阶段多采此种模式。(2)“网约工”模式，骑手只需下载并实名注册平台 APP（一般指手机软件），完成线上新手培训。骑手可以选择工作地点、工作时间，工作任务系通过 APP 抢单获得，而非接受平台安排。平台对骑手工作过程一般不进行监督管理。这种模式下，骑手自主性强、流动性大，通常构成承揽关系等，但实践中争议较大，应具体案件具体分析。(3) 代理商模式指平台公司与代理商签订合作协议，将某一区域外卖配送业务承包给代理商。合作协议中通常会明确平台公司与外卖骑手不存在劳动关系，由代理商自行招募骑手，但平台公司亦会对骑手服务行为进行一定程度约束，比如要求身着有平台标志的服装、使用有平台标志的外卖箱、文明用语及客户评价机制等。这是当前外卖平台主要用工模式，代理商与骑手之间通常建立劳动关系、劳务关系或承揽关系等，但因实践中存在操作不规范等问题，引发了诸多争议。比如本案中综合各种因素即认定为劳务用工关系。

其次，确定赔偿义务主体。现实中因保险种类不同，比如外卖平台为保障骑手的权益，分担风险，会投保接受劳务者责任险、意外伤害险、三者险等不同的保险，同时还有法律关系认定的不同，承担主体的责任也有不同的认识：(1) 外卖骑手在外卖配送过程中发生交通事故致使第三人发生损害的，由保险公司在保险范围内先行赔偿，不足部分由骑手接受劳务者承担赔偿责任（张某诉王某、保险公司、某信息科技有限公司机动车交通事故责任纠纷案①）；(2) 外卖员配送外卖系外卖公司的职务行为，公司应承担事故责任（孟某与陈某非机动车交通事故责任纠纷案②）；(3) 外卖骑手发生交通事故后，有权依据保险合同请求保险人承担保险责任（崔某诉李某、外包公司、科技公司、保险公司非机动车交通事故责任纠纷案③）。谁是主体责任，谁是补充责任，需要根据案情分析认定。司法实践中，在确定法律关系后，需将保险责任、平台责任、骑手自身责任析分清楚，一方面保障骑手的合法权益，另一方面促进行业健康发展。

最后，还有损失金额的确定。侵权案件的具体损失金额，要结合《最高人民法院关于审理人身损害赔偿案件适用法律若干问题的解释》的具体规定进行确定。

编写人：山东省德州市德州经济技术开发区人民法院　王靖靖

---

① 《外卖骑手配送时撞伤他人，谁来承担赔偿责任?》，载重庆市高级人民法院网站，http：//cqgy. cqfygzfw. gov. cn/article/detail/2023/11/id/7622249. shtml，2025年2月8日访问。

② 《外卖送餐“抢时间”出事需要“担责任”》，载北京法院网，https：//bjgy. bjcourt. gov. cn/article/detail/2018/11/id/3563662. shtml，2025年2月8日访问。

③ 《外卖骑手配送时撞伤行人，谁来承担赔偿责任?》，载微信公众号“山东高法”，https：//mp. weixin. qq. com/s/m9AdbrkhK7gPg4bxYNMWYA，2023年8月3日发布，2025年2月8日访问。

5

违法分包下的提供劳务者受害责任认定规则

——付某诉松滋市某公司、彭某提供劳务者受害责任案

【案件基本信息】

1. 裁判书字号

湖北省松滋市人民法院（2023）鄂 1087 民初 2485 号民事判决书

2. 案由：提供劳务者受害责任纠纷

3. 当事人

原告：付某

被告：松滋市某公司、彭某

【基本案情】

2023 年 4 月 20 日，松滋市某公司承接到了松滋市某管理所房屋维修项目工程。松滋市某公司将工程中的房屋二楼平台上的危房拆除工作分包给彭某，经松滋市某公司与彭某商议，工程总价为 4000 元。2023 年 4 月 25 日早晨，付某受彭某之邀，来到管理所施工地点。彭某向付某等三人交代了工作内容，即把案涉危房拆除，并把砖渣运到指定地方。安排完工作后，付某等人就开始分工工作。在 2023 年 4 月 27 日早上，付某蹲在花格墙近旁里面，探出手来解电线的绳子，正在解的时候，花格墙突然一倒，付某随同花格墙一起掉下来，并受伤。付某随后被送往医院住院治疗。事发后，彭某又雇请一人顶替付某的岗位，继续安排人员将案涉危房拆除工程实施完工，松滋市某公司于 2023 年 5 月 26 日将工程款 4000 元支付给彭某，其后彭某根据付某等四人各自的工期天数，按照每天 300 元的工钱，给付了工资。因赔偿事宜协商未果，付某起诉要求赔

偿各项经济损失合计 130222 元。

【案件焦点】

1. 付某、彭某及松滋市某公司间就案涉工程的法律关系；2. 付某、彭某及松滋市某公司各自的责任份额。

【法院裁判要旨】

湖北省松滋市人民法院经审理认为：案涉工程价款及工期，由松滋市某公司的法定代表人与彭某协商确定，付某仅根据彭某的指示进行施工。案发后，付某无法继续施工，由彭某另行雇请人员进行施工。工程完工，松滋市某公司向彭某支付全部工程款，彭某向各施工人员按工期分别结算劳务报酬。以上事实足以认定松滋市某公司将案涉危房拆除工程分包给彭某，而彭某又雇请付某等人提供劳务，具体进行施工。因此，认定松滋市某公司与彭某系承揽关系，彭某与付某系劳务关系。

《中华人民共和国民法典》第一千一百九十二条第一款规定，个人之间形成劳务关系，提供劳务一方因劳务受到损害的，根据双方各自的过错承担相应的责任。《中华人民共和国民法典》第一千一百九十三条规定，承揽人在完成工作过程中造成第三人损害或者自己损害的，定作人不承担侵权责任。但是，定作人对定作、指示或者选任有过错的，应当承担相应的责任。《中华人民共和国建筑法》第五十条规定，房屋拆除应当由具备保证安全条件的建筑施工单位承担，由建筑施工单位负责人对安全负责。付某在施工过程中超出自身工作范围，解电线绳子而发生墙体倒塌并受伤，没有尽到适当的安全注意义务，存在过错，结合付某自行解电线绳子实际上也是为了防止安全事故的发生，酌定付某自行负担 25%的损失。彭某作为实际承包人，应当对施工安全负责，其作为接受劳务一方，在付某为其提供劳务的过程中，未采取全面的、完善的安全保障措施，酌定彭某承担 40%的责任。至于松滋市某公司，其将工程分包给没有相应资质的个人组织施工，存在过错，酌定松滋市某公司承担 35%的责任。

湖北省松滋市人民法院依照《中华人民共和国民法典》第一千一百七十九

条、第一千一百八十三条、第一千一百九十二条、第一千一百九十三条,《最高人民法院关于审理人身损害赔偿案件适用法律若干问题的解释》第六条、第七条、第八条、第十条、第十一条、第十二条,《最高人民法院关于确定民事侵权精神损害赔偿责任若干问题的解释》第五条,《中华人民共和国民事诉讼法》第六十七条规定,判决如下:

一、松滋市某公司于本判决生效之日起十日内赔偿付某各项经济损失合计 17829.58 元;

二、彭某于本判决生效之日起十日内赔偿付某各项经济损失合计 51936.84 元;

三、驳回付某的其他诉讼请求。

宣判后,双方当事人均未上诉,一审判决已经生效。

【法官后语】

在建设工程施工领域,层层转包、分包的现象广泛存在。当实际施工的提供劳务者因劳务受到损害时,往往会出现责任主体不明确、责任份额不清晰等问题,致使赔偿难。本案就是一个典型的建设工程施工违法分包,提供劳务者因劳务受到损害后,承包人、分包人各自推诿的案件。要正确处理这类纠纷,需要从以下两个方面入手。

一、准确认定承包人、分包人及提供劳务者间的法律关系

这个问题的难点在于如何确认提供劳务者是向分包人提供劳务还是向承包人提供劳务。最直接的方式就是审查承包人与分包人是否签订了分包合同,如有分包合同,那么毫无疑问,由分包人召集的劳务者肯定是向分包人提供劳务。如果没有分包合同呢?这就需要根据一般交易习惯来进行综合判定。如本案中,分包工程的价款及工期是由承包人与分包人协商确定;劳务者是根据分包人的安排实施工作任务,并且在劳务者受伤不能继续施工时,是由分包人安排工人继续完成剩余工程;在工程完工后,承包人将工程价款支付给分包人,然后由分包人根据各工人的实际工期结算劳务费,以上这些具有分包人以完成工作成果向承包人负责以及劳务者以提供劳务向分包人负责的显著特征。因此,综合这些要素,足以认定劳务者是向分包人提供劳务,双方是劳务合同关系,而承

包人与分包人是承揽合同关系。

二、妥善确定承包人、分包人及提供劳务者间的责任份额

1. 关于分包人与提供劳务者间的责任份额。这里首先要区分分包人是个人还是单位。在分包人是个人的情况下，根据《中华人民共和国民法典》第一千一百九十二条第一款规定，个人之间形成劳务关系，提供劳务一方因劳务受到损害的，根据双方各自的过错承担相应的责任。自己是人身安全的第一责任人。本案受害劳务者在劳务中超出自身工作范围，并导致自己受伤，存在过错，应自行承担一定的责任。但其在没有故意或者重大过失的情况下，笔者认为其自身的责任一般不应当超过30%。但如果在分包人是单位的情况下，则分包人原则上承担无过错责任，就另当别论了。

2. 关于承包人与分包人间的责任份额。根据《中华人民共和国民法典》第一千一百九十三条规定，定作人在承揽合同中，仅对定作、指示或者选任有过错的，承担相应的责任。这时就需要严格审查承包人与分包人之间的分包是否合法合理。本案中，承包人明显违反建设领域相关法律法规，将房屋拆除工程分包给没有任何资质的个人，承包人存在选任过错，应当承担责任。根据《中华人民共和国建筑法》关于建筑工程资质条件规定的精神，在建设工程发包承包过程中，发包人"应当将建筑工程发包给具有相应资质条件"的承包单位，属于命令性规则；同时规定，"禁止建筑施工企业超越本企业资质等级许可的业务范围"，属于禁止性规则。由此可以推理出，法律在对待没有资质的承包人承包建设工程的问题上，没有资质的承包人的责任要大于发包人。据此，本案分包人为个人，完全没有任何资质，其责任份额应当大于承包人的责任份额，才更加符合立法本意。

最终，法院确认提供劳务者自行负担25%的损失，分包人承担40%的责任，承包人承担35%的责任。宣判后，各方均服判，分包人及承包人均在法定期限内自觉履行金钱给付义务，取得了很好的法律效果与社会效果。本案的处理为今后类似案件提供了参考。

编写人：湖北省松滋市人民法院　邓姣华

6

从劳务行为独立性、双方权利义务关系辨析劳务双方法律性质和责任认定

——韦甲诉李甲提供劳务者受害责任案

【案件基本信息】

1. 裁判书字号

广西壮族自治区柳州市中级人民法院（2024）桂 02 民终 632 号民事判决书

2. 案由：提供劳务者受害责任纠纷

3. 当事人

原告（上诉人）：韦甲

被告（被上诉人）：李甲

【基本案情】

2022 年 6 月 4 日至 2022 年 7 月 25 日，韦甲到李甲处从事将钢丝加工成颗粒状的工作，上述期间的工资已经结清。2022 年 9 月 17 日，韦甲又到李甲处从事同样的工作，2022 年 9 月 23 日，韦甲在做工时，因操作不当被机械绞伤致左手拇指、食指、中指、小指受伤。韦甲受伤后，李甲将韦甲送到医院住院治疗。第一次住院从 2022 年 9 月 23 日至 2022 年 10 月 8 日，住院治疗 15 天，出院记录注明："自出院起，全休一个月……加强营养；住院期间陪人一名（24 小时）。"第二次住院从 2022 年 11 月 1 日至 2022 年 11 月 11 日，住院治疗 10 天，出院记录注明"全休一月，住院期间陪护一名"。韦甲的治疗费用均已由李甲全部付清。由于双方对韦甲因本次事故产生的各项损失未能达成一致意见，遂酿成本案诉讼。

再查明，韦甲出院后对其因本次事故造成的受伤情况进行鉴定，经鉴定，韦甲本次损伤左手构成七级伤残，与本次损伤存在直接因果关系，原因力为完全作用，产生鉴定费1700元。李甲对该鉴定不服，申请重新鉴定，经法院委托司法鉴定中心鉴定，本次外伤致左手功能丧失分值40分评定为八级伤残，产生鉴定费2200元。

此外，根据李甲的申请，本院调取了韦甲在医院住院期间的医疗费。为查明案情，法院到事故现场作了调查笔录，拍摄了照片，双方均对医疗费、调查笔录、照片没有异议。

【案件焦点】

1. 本案是承揽合同关系还是劳务合同关系；2. 案涉责任及赔偿应如何认定。

【法院裁判要旨】

广西壮族自治区柳州市柳江区人民法院经审理认为：本案中涉及的机械设备、操作工具、材料等均由李甲提供，韦甲仅通过提供劳务获得报酬，本案符合劳务合同关系的特征，案由应当为提供劳务者受害责任纠纷。

根据《中华人民共和国民法典》第一百二十条规定，民事权益受到侵害的，被侵权人有权请求侵权人承担侵权责任。第一千一百九十二条第一款规定，个人之间形成劳务关系，提供劳务一方因劳务造成他人损害的，由接受劳务一方承担侵权责任。接受劳务一方承担侵权责任后，可以向有故意或者重大过失的提供劳务一方追偿。提供劳务一方因劳务受到损害的，根据双方各自的过错承担相应的责任。本案中，韦甲为李甲将钢丝加工成颗粒状的工作提供劳务，双方形成劳务关系，韦甲在操作过程中，因钢丝打绞，情急之下用手去拉，导致事故的发生，该行为应当属于韦甲在为李甲提供劳务过程中受伤，双方应当按照各自的过错程度承担相应的责任。本次事故中，韦甲原来从事该项工作，操作之前也得到学习并熟悉设备的操作，距离其直线2.2米（高度为1.5米）就是断电用的匝刀，在发生钢丝打绞的情况下，作为一名熟练工，首要任务就是断电，但其直接用手去拉钢丝，属于操作不当，是导致事故发生的根本原因，应当对事故的发生承担主要责任。李甲未尽谨慎注意义务，具有一定过错，应当承担相应责任，综合本案实际情况，法院酌定韦甲承担 80%的事故责任，李甲承担 20%的事故责任。

广西壮族自治区柳州市柳江区人民法院根据《中华人民共和国民法典》第一百二十条、第一千一百九十二条，《最高人民法院关于审理人身损害赔偿案件适用法律若干问题的解释》（2022 修正）第六条、第七条、第八条、第九条、第十条、第十一条、第十二条，《最高人民法院关于确定民事侵权精神损害赔偿责任若干问题的解释》（2020 修正）第五条，《中华人民共和国民事诉讼法》第六十七条，《最高人民法院关于适用〈中华人民共和国民事诉讼法〉的解释》第九十条之规定，判决如下：

一、李甲赔偿韦甲误工费、护理费、住院伙食补助费、交通费、营养费、残疾赔偿金、精神抚慰金等经济损失 11485. 3 元；

二、驳回韦甲的其他诉讼请求。

韦甲不服一审判决，提出上诉。

广西壮族自治区柳州市中级人民法院经审理认为：同意一审法院裁判意见，补充认定：个人之间形成劳务关系，提供劳务一方因劳务而致他人损害，由接受劳务一方承担无过错责任；同时，提供劳务一方自己受到损害的，接受劳务一方与提供劳务一方依过错责任原则处理。一审综合本案实际情况，酌定原、被告承担责任比例并无不妥，二审法院予以维持。

广西壮族自治区柳州市中级人民法院依照《中华人民共和国民事诉讼法》第一百七十七条第一款第一项规定，判决如下：

驳回上诉，维持原判。

【法官后语】

本案争议焦点也是审理提供劳务者受害责任纠纷常见的争议焦点，即劳务双方是承揽合同关系还是劳务合同关系，以及双方的责任认定。为探究此类纠纷核心问题，更好地化解劳务双方矛盾，笔者通过原因分析，结合实践经验，探讨此类纠纷的审理思路。

一、产生常见争议焦点的主要原因

1. 行业的发展背景。为提高经济效益、降低用工成本，实践中个人之间劳务形式较为灵活，既包含雇佣劳务合同服务行为的特征，也包含承揽合同以实现交付工作成果为目的的属性。故个人之间劳务关系较为复杂，其法律性质难以辨析。

2. 法律规范的变化。现行《最高人民法院关于审理人身损害赔偿案件适用法律若干问题的解释》已删除关于雇员在雇佣活动中遭受人身损害雇主承担无过错责任的规定；《中华人民共和国民法典》亦未列明个人之间提供劳务合同类型，而在侵权责任编即第一千一百九十二条，明确了个人之间劳务关系下造成损害的责任认定规则，即提供劳务一方因劳务致他人损害，由接受劳务一方承担无过错责任，提供劳务一方自己受到损害，双方适用过错责任原则。但当前大部分劳务主体仍以惯性思维沿用旧的法律规范，致使对双方法律性质认识偏差，权利义务不明，影响责任承担。

二、分析劳务行为独立性和双方权利义务关系是辨析劳务双方法律性质和责任认定的关键

1. 分析劳务行为独立性。承揽合同和劳务合同均包含提供劳务的内容。承揽合同是承揽人按照定作人的要求完成工作，交付工作成果，承揽人应当以自己的设备、技术和劳力，完成主要工作，当事人另有约定的除外，其劳务行为体现承揽人独立的生产经营活动。而劳务合同中接受劳务一方通常对劳务行为有规范要求，以约定形式明确。故，承揽合同关系中承揽人劳务行为独立性较高，而劳务合同关系中劳务行为通常受到合同约定的制约，劳务行为独立性是辨析双方法律性质的重要特征。

2. 分析劳务双方权利义务关系。劳务双方适用过错责任原则的，应根据双方在劳务实施过程中所起的作用，结合行为特征、工具、场所等，判定双方权利义务，从而根据过错责任原则划分各自责任承担比例。

三、以本案为例探讨提供劳务者受害责任纠纷的审理思路

首先，分析劳务双方法律性质。韦甲实施的钢丝加工行为操作较为简单，可独立完成，无需专业技术资质。但韦甲得以实施该劳务是依赖李甲提供的设备场地，听从李甲关于设备使用说明、注意事项和技术要求，并在李甲提供的场地内实施的。而李甲对其提供的设备、场所、材料等应具有监督管理、安全防范的义务。故，尽管韦甲单独实施劳务加工，但其仍受李甲提供设备条件、技术要求和安全管理等制约，韦甲并非完全独立实施劳务，双方符合劳务合同关系特征。

其次，分析劳务双方责任承担。在原、被告形成个人间劳务关系下，韦甲作为熟练工应在安全规范的操作下应对突发危险，李甲也应对其提供的设备场所提供相应安全防范措施。而造成事故的根本原因在于韦甲提供劳务中避免危险时操作不当，李甲也未尽谨慎注意义务，故双方应在各自权利义务作用下，根据过错责任原则对事故发生承担相应责任。

综上，本案争议焦点反映出提供劳务者受害责任纠纷的核心问题，辨析劳务双方法律性质、明确双方责任义务，有助于减少和避免矛盾纠纷，保障劳务双方合法权益。

编写人：广西壮族自治区柳州市柳江区人民法院　黄嘉斯

7

对提供劳务者受害责任认定与相关法规的适用

——夏某甲、夏某乙诉某烧烤店等提供劳务者受害责任案

【案件基本信息】

1. 裁判书字号

湖南省汉寿县人民法院（2022）湘0722民初2703号民事判决书

2. 案由：提供劳务者受害责任纠纷

3. 当事人

原告：夏某甲、夏某乙

被告：某烧烤店、王某、卿某

【基本案情】

某烧烤店系个体工商户。2022 年 6 月 30 日至 7 月 17 日，夏某在某烧烤店打暑假工，为某烧烤店提供劳务，每天工资 40 元，工作时间从下午 5 点至深夜 12 点或 1 点不等，工作职责是点菜、传菜、打扫卫生等。2022 年 7 月 17 日凌晨 1 时许，夏某下班后，与夏某 1 一起搭乘夏某 2 驾驶的普通二轮摩托车回家，当车辆从西湖管理区十字街路口出发沿东湖路由北向南行驶至某小学旁边弯坡上时，因路旁突然蹿出未知犬只，夏某 2 驾驶的车辆避让不及与蹿出的犬只发生了碰撞，导致车辆滑倒，造成夏某 2 和夏某 1 受伤、夏某因抢救无效死亡的交通事故。夏某的父母夏某甲、夏某乙诉至法院请求判令某烧烤店、王某、卿某共同赔偿二原告各项损失 402400 元；某烧烤店、王某、卿某承担本案的保全费 5000 元、保险费 2000 元。

【案件焦点】

夏某从某烧烤店下班后搭乘夏某 1 的摩托车在回家的途中发生交通事故死亡，某烧烤店、王某、卿某是否应当承担赔偿责任。

【法院裁判要旨】

湖南省汉寿县人民法院经审理认为：根据《中华人民共和国民法典》第一千一百九十二条第二款规定："提供劳务期间，因第三人的行为造成提供劳务一方损害的，提供劳务一方有权请求第三人承担侵权责任，也有权请求接受劳务一方给予补偿。接受劳务一方补偿后，可以向第三人追偿。"然而，本案中夏某在下班途中遭遇交通事故，并非发生在提供劳务期间，且夏某的行为没有得到某烧烤店、王某、卿某的授权或指示，因此，夏某的情况不符合"提供劳务期间”的定义。此外，夏某选择的交通工具和上下班路线是个人决定，某烧烤店作为接受劳务方，既无法支配也难以预知其风险，因此，夏某在下班途中的事故与提供劳务行为无内在联系，不应视为在提供劳务期间受到的损害。

另外，双方当事人均认可夏某与某烧烤店之间存在劳务关系，虽然在《工伤保险条例》第十四条第六项规定：“在上下班途中，受到非本人主要责任的交通事故或者城市轨道交通、客运轮渡、火车事故伤害的。”应认定为工伤，但上述规定并不适用于本案的劳务关系中，即劳务关系中的提供劳务一方在上下班途中，因第三人的行为受到损害的，其要求接受劳务一方承担相应赔偿责任缺乏明确的法律依据。

湖南省汉寿县人民法院依照《中华人民共和国民法典》第一千一百六十五条、第一千一百九十一条、第一千一百九十二条，《工伤保险条例》第十四条第六项，《中华人民共和国民事诉讼法》第六十七条第一款规定，作出如下判决：

驳回夏某甲、夏某乙的全部诉讼请求。

宣判后，双方当事人均未上诉，一审判决已经生效。

【法官后语】

在审理提供劳务者受害责任纠纷案件时，法官面临的首要任务是确定案件适用的法律依据，这是确保案件公正审理的基础。法官需要对相关法律法规有深入的了解和准确的适用能力，以确保法律的正确实施。

法官需要确认劳务关系是否存在，这是判断责任归属的关键。劳务关系通常是指劳动者与接受劳务者之间基于合同或事实形成的法律关系。法官需要查看劳动合同、工作协议、工资支付记录等证据，以确定双方之间是否存在劳务关系。

在审理过程中，法官要详细了解损害情况，包括事故发生的时间、地点、原因和结果。事故发生的时间和地点是判断损害是否发生在劳务提供期间的重要依据。法官需要通过现场调查、证人证言、监控录像等手段，尽可能还原事故发生的具体情况。

原因和结果是判断损害与劳务活动直接关联性的关键。法官需要分析事故发生的原因，判断是否与劳务活动有关。例如，如果劳动者在执行工作任务时受伤，那么损害与劳务活动就存在直接关联性。同时，法官还需要评估损害的结果，包括劳动者的伤情、医疗费用、误工损失等。

在评估责任主体时，法官需要考虑接受劳务方和第三方。接受劳务方通常是指接受劳务者或用人单位，他们对劳动者的安全负有保障义务。法官需要评估接受劳务方是否尽到了安全保障义务，是否存在过错。同时，法官还需要考虑第三方的责任，例如，如果事故发生是由于第三方的侵权行为导致的，那么第三方也需要承担相应的责任。

在考虑《工伤保险条例》的适用性时，法官需要评估案件的具体情况。如果劳动者的伤害属于工伤，那么《工伤保险条例》就适用于该案。法官需要根据劳动者的伤害情况、工作性质、事故发生的时间和地点等因素，判断是否符合工伤的认定条件。

在裁判中，法官应明确各方的权利义务及可能的追偿权利。接受劳务方和第三方需要承担相应的责任，包括赔偿劳动者的医疗费用、误工损失等。同时，法官还需要告知当事人后续的法律救济途径，包括上诉、申请再审等。

总之，在审理提供劳务者受害责任纠纷案件时，法官需要全面了解案件情况，准确适用法律，公正裁判，以维护劳动者的合法权益，促进社会的和谐稳定。这需要法官具备扎实的法律功底、严谨的工作态度和高度的责任感。通过法官的努力，可以为当事人提供一个公平、公正的司法环境，保障社会公平正义。

编写人：湖南省汉寿县人民法院　曾俊豪

8

非劳动者主要原因无法认定工伤的，应允许劳动者提起提供劳务者受害责任纠纷之诉

——崔某诉某保安公司提供劳务者受害责任案

【案件基本信息】

1. 裁判书字号

北京市通州区人民法院（2023）京0112民初21270号民事判决书

2. 案由：提供劳务者受害责任纠纷

3. 当事人

原告：崔某

被告：某保安公司

【基本案情】

2022年6月，某保安公司（甲方）与崔某（乙方）签订《劳务合同书》，双方约定：合同于2022年6月10日生效，其中试用期至2022年7月9日止，合同于2023年6月9日终止，甲方根据岗位需要，安排乙方到驻勤单位从事保洁服务工作。经人社局批准，崔某所属的保洁员岗位实行综合计算工时工作制，劳动报酬部分约定工资标准为每月3500元，乙方在甲方工作期间依法享受社会保险。

2022年9月22日，某保安公司主管检查扫地车并加水后，将扫地车交给崔某，崔某驾驶扫地车驶入地库过程中刹车失灵，撞击墙面后崔某被甩出车外导致受伤，随即被送往医院治疗。

后崔某将某保安公司诉至法院，要求其赔偿医疗费、住院伙食补助费、营

养费、护理费、误工费、残疾赔偿金等共计40万余元。庭审中，某保安公司承认未为崔某缴纳社会保险，且双方均未在规定期限内申请工伤认定。经核实，崔某已无法申请工伤认定。

【案件焦点】

非崔某主要原因无法认定工伤的，能否允许崔某提起提供劳务者受害责任纠纷之诉，要求某保安公司依据其过错程度承担侵权损害赔偿责任。

【法院裁判要旨】

北京市通州区人民法院经审理认为：行为人因过错侵害他人民事权益造成损害的，应当承担侵权责任。侵害他人造成人身损害的，应当赔偿医疗费、护理费、交通费、营养费、住院伙食补助费等为治疗和康复支出的合理费用，以及因误工减少的收入。造成残疾的，还应当赔偿辅助器具费和残疾赔偿金。本案中，崔某与某保安公司签订的合同虽名为劳务合同，但合同约定了起止日期、试用期、工作内容、工作时间、休息休假、劳动报酬等事项，根据双方陈述的工作时间、考勤管理、工资发放等情况，应认定崔某与某保安公司之间存在劳动关系。某保安公司作为用人单位未为崔某缴纳社会保险已经违法，崔某发生事故伤害后，某保安公司未及时为崔某申报工伤，导致崔某无法依照工伤保险待遇项目和标准获得赔偿；且某保安公司提供存在故障的劳动工具，导致崔某受伤，存在过错。现崔某客观上已无法通过认定工伤享受工伤保险待遇，其提起提供劳务者受害责任纠纷之诉应予准许，某保安公司亦应对崔某的合理损失承担赔偿责任。

北京市通州区人民法院依照《中华人民共和国民法典》第一千一百六十五条第一款、第一千一百七十九条，《最高人民法院关于审理人身损害赔偿案件适用法律若干问题的解释》第六条、第七条、第八条、第九条、第十条、第十一条、第十二条、第十六条、第十七条、第二十三条，《中华人民共和国民事诉讼法》第六十七条第一款规定，判决如下：

一、被告某保安公司于本判决生效之日起七日内赔偿原告崔某医疗费、住院伙食补助费、营养费、误工费、护理费、残疾赔偿金（含被扶养人生活费）、交通费、精神损害抚慰金共计335900.45元；

二、驳回原告崔某的其他诉讼请求。

一审判决作出后，双方均未提出上诉，该判决现已生效。

【法官后语】

劳动者在工作时间、工作地点因工作原因发生伤害事故，不存在第三人侵权，又非因劳动者主要原因导致无法认定工伤的，能否允许劳动者提起提供劳务者受害责任纠纷之诉要求赔偿，目前仍存在不同意见。如果用人单位未为劳动者缴纳工伤保险，或者虽缴纳了工伤保险，但因未及时申报工伤，导致劳动者无法享受工伤保险待遇，且劳动者不存在《工伤保险条例》第十六条规定的情形，应当允许受伤职工提起提供劳务者受害责任纠纷之诉，要求用人单位根据过错程度承担民事赔偿责任。理由如下：

一、工伤保险制度与提供劳务者受害责任纠纷的法理基础与立法本意相同

在前工业化社会，劳动者如果发生伤亡，处理和赔偿通常是公民之间私下进行。随着经济发展，雇主过失责任型工伤补偿制度逐步确立。19世纪末，适用无过错责任原则的雇主责任制以立法形式加以确立。可见工伤保险制度本质是将由雇主分别负担的个体风险集中消化的社会保障制度，具有工伤补偿、工伤康复与救助、工伤预防三位一体功能。[①] 无论是早期的民事索赔，还是后来的雇主责任，再到现代工伤保险制度，本意都是通过解决私人之间的侵权纠纷，实现对受伤职工的赔偿与救济。提供劳务者受害责任纠纷之诉作为侵权纠纷的一种，具体是指在提供劳务一方因劳务活动自身受到伤害的，在提供劳务一方向接受劳务一方主张损害赔偿时，由双方根据各自的过错程度承担相应的民事责任。[②] 实质也是解决接受劳务者与提供劳务者私人之间侵权赔偿问题，从而

① 杨立新：《工伤事故的责任认定和法律适用（上）》，载《法律适用》2003年第10期。

② 人民法院出版社编著：《最高人民法院民事案件案由适用要点与请求权规范指引》（第二版），人民法院出版社2020年版，第984页。

实现对受伤提供劳务者的救济。因此，工伤保险制度和提供劳务者受害责任纠纷二者背后的法理基础与立法本意相同。

二、受伤职工提起提供劳务者受害责任纠纷之诉具有法律依据

劳动关系中，劳动者相对用人单位，处于管理与被管理的从属地位；受到事故伤害后，其抵御风险的能力也相对较低，为更加全面保障劳动者合法权益，《中华人民共和国职业病防治法》① 与《中华人民共和国安全生产法》② 规定职业病病人或者因生产安全事故受到损害的从业人员除依法享有工伤保险，还可以依据民事法律规范，向用人单位提出赔偿要求。可见我国现有法律体系并未将用人单位的接受劳务者责任与工伤保险赔偿相互割裂，二者同时适用并不矛盾，一种救济途径无法实现，不能阻断劳动者通过另一种途径寻求救济。同时根据《工伤保险条例》第十四条③、第十五条④、第十六条⑤规定可以看出，我国对认定工伤和视同工伤的情形和条件尽量放宽，而对排除工伤认定的情形尽量收紧；旨在最大限度保护受伤职工，确保其得到救济和赔偿。职工受伤后，非自身主要原因无法认定工伤，又由于劳动关系与劳务关系的差异，不允许其

---

① 《中华人民共和国职业病防治法》第五十八条规定，职业病病人除依法享有工伤保险外，依照有关民事法律，尚有获得赔偿的权利的，有权向用人单位提出赔偿要求。

② 《中华人民共和国安全生产法》第五十六条第二款规定，因生产安全事故受到损害的从业人员，除依法享有工伤保险外，依照有关民事法律尚有获得赔偿的权利的，有权提出赔偿要求。

③ 《工伤保险条例》第十四条规定，职工在工作时间和工作场所内，因工作原因受到事故伤害的；工作时间前后在工作场所内，从事与工作有关的预备性或者收尾性工作受到事故伤害的；在工作时间和工作场所内，因履行工作职责受到暴力等意外伤害的；患职业病的；因工外出期间，由于工作原因受到伤害或者发生事故下落不明的；在上下班途中，受到非本人主要责任的交通事故或者城市轨道交通、客运轮渡、火车事故伤害的应认定为工伤。

④ 《工伤保险条例》第十五条第一款规定，职工在工作时间和工作岗位，突发疾病死亡或者在48小时之内经抢救无效死亡的；在抢险救灾等维护国家利益、公共利益活动中受到伤害的；职工原在军队服役，因战、因公负伤致残，已取得革命伤残军人证，到用人单位后旧伤复发的视同工伤。

⑤ 《工伤保险条例》第十六条规定，只有职工故意犯罪；醉酒或者吸毒；自残或者自杀三种情形不得认定工伤或者视同工伤。可以看出，我国法律法规对认定工伤和视同工伤的情形和条件尽量放宽，而对排除工伤认定的情形尽量收紧，除非职工存在故意或有严重过错；旨在最大限度保护受伤职工，确保其得到救济和赔偿。

提起提供劳务者受害责任纠纷之诉要求赔偿，将违背最大限度保护受伤职工权益的立法初衷和政策导向。

三、符合社会主义核心价值观要求

随着现代化持续发展，不可预测且无法避免的工伤事故与日俱增，工伤保险和侵权损害赔偿竞合现象十分常见。《最高人民法院关于审理人身损害赔偿案件适用法律若干问题的解释》第三条①第一款规定了因工伤事故遭受人身损害的劳动者可以通过工伤保险制度获得赔偿，第二款规定了存在第三人侵权情况下，劳动者可以要求第三人承担民事赔偿责任，表明多元化工伤损害填补机制已经确立。如果不存在第三人侵权，受伤职工无法通过工伤保险获得赔偿，也无法向侵权第三人主张权利，其将陷入救济无门的困境，有违公平正义。而允许受伤职工提起提供劳务者受害责任纠纷之诉，由无过错原则的工伤保险救济模式向适用过错原则的侵权救济路径转化，既未加重接受劳务者责任，又得以维护受伤职工的合法权益，符合社会主义核心价值观。

当然，法律排除认定工伤和劳动者故意不配合工伤认定，最终导致无法享受工伤保险待遇的情形不在本文讨论之列。

编写人：北京市通州区人民法院　姜楠　郑海黎

---

①《最高人民法院关于审理人身损害赔偿案件适用法律若干问题的解释》第三条规定，依法应当参加工伤保险统筹的用人单位的劳动者，因工伤事故遭受人身损害，劳动者或者其近亲属向人民法院起诉请求用人单位承担民事赔偿责任的，告知其按《工伤保险条例》的规定处理。因用人单位以外的第三人侵权造成劳动者人身损害，赔偿权利人请求第三人承担民事赔偿责任的，人民法院应予支持。

9

冒名订立劳动合同效力认定及人身伤害责任认定

——宋甲等诉某婚庆公司提供劳务者受害责任案

【案件基本信息】

1. 裁判书字号

上海市第二中级人民法院（2023）沪02民终1389号民事判决书

2. 案由：提供劳务者受害责任纠纷

3. 当事人

原告（上诉人）：宋甲、魏甲、魏乙、魏丙

被告（被上诉人）：某婚庆公司

【基本案情】

魏丁于1954年6月26日出生，2021年10月29日申报死亡注销户口。宋甲系魏丁的配偶，魏甲、魏乙、魏丙系魏丁的子女。

2021年8月27日，魏丁以程甲名义与被告某婚庆公司签订劳动合同书，约定起始日期为2021年8月27日，终止日期为2022年6月5日，试用期自2021年8月27日至2022年2月26日，从事服务岗位的工作，每月工资2590元，双方应按国家和工作所在地区的规定参加社会保险等内容。签订合同后，某婚庆公司派遣魏丁到某婚庆公司某分公司（××婚礼会馆××店）从事物业水电维修。某婚庆公司于2021年9月8日事后为程甲补缴2021年8月社保，缴费基数5975元，于2021年9月18日办理解除合同退工备案。

2021年9月8日，魏丁在前述门店工作中，在对二楼吊顶内空调漏水进行维修时，不慎从吊顶夹层跌落受伤。魏丁于当日被送往甲医院治疗，于10月

17 日至乙医院住院治疗，于 10 月 22 日被接回家中，于 10 月 26 日死亡。

魏丁超过法定退休年龄，未能申请工伤保险基金理赔。若按照工伤保险待遇，理赔项目包括一次性工亡补助金 876680 元、丧葬补助金 62028 元、供养亲属抚恤金、医疗费、住院伙食补助费等；医疗费经法院向医保部门查询理赔范围为 500859.1 元。

【案件焦点】

1. 双方之间形成何种法律关系；2. 责任主体的认定；3. 责任的认定；4. 各项损失的承担。

【法院裁判要旨】

上海市杨浦区人民法院经审理认为：

1. 魏丁冒用他人名义与某婚庆公司签署了劳动合同，入职某婚庆公司后从事物业水电维修工作，魏丁实际上已超过法定退休年龄，故应认定其与某婚庆公司形成劳务关系。

2. 某婚庆公司系用人单位，某婚庆公司某分公司系分支机构，分支机构不具备独立的法人资格，相应的民事责任应由某婚庆公司承担。

3. 从本案事发经过来看，魏丁在进行空调维修时从高处跌落受伤，最终的死亡结果与之存在因果关系，魏丁系因劳务受到损害，就劳务本身不存在故意或重大过失，而某婚庆公司作为用工单位，未尽到安全保障等方面的义务，应对魏丁遭受的人身损害承担赔偿责任。同时，对于建立劳动关系、参加工伤保险统筹的劳动者与用工单位而言，发生工伤事故后可进行工伤理赔，从本案的求职过程来看，魏丁提供虚假证件，冒用他人名义，谎报年龄，属于故意为之，存在明显过错，而某婚庆公司未履行审慎核查义务，亦存在过错，致不能获得工伤保险基金理赔，双方均负有责任，对该部分损失应予分担。

4. 确认医疗费为 570572.02 元、用品费为 392.2 元，其中被告方垫付医疗费 489728.72 元。住院伙食补助费按照 20 元每天计算 44 天，计 880 元。原告按照 50 元每天的标准主张营养费 2400 元，金额合理予以支持。原告凭据主张的护理费2700元及被告方垫付的护理费3075元，均予以认定，原告另主张的5天护理费，酌情按照100元每天计算，护理费共计6275元。原告按照2020年度本市居民人均可支配收入的标准主张死亡赔偿金939016元，于法有据予以支持。被扶养人生活费，原告主张宋甲缺乏收入来源，未有相应证据，且魏丁在事发时已满67周岁，魏丁与宋甲的子女对父母均有赡养义务，基于此，对被扶养人生活费不予支持。某婚庆公司对丧葬费62028元无异议，予以确认。精神损害抚慰金依法认定为50000元。交通费，对急救车费用9500元予以支持，其余费用并非魏丁产生，且家属为处理丧葬事宜的交通支出应纳入丧葬费范畴，故不再支持。根据本案诉讼标的、案情繁简，律师费酌情支持12000元。以上费用，本可通过工伤基金保险理赔的钱款按照过错承担，其余钱款由被告方赔偿，经核算，酌情确定由某婚庆公司赔偿原告各项损失总计850000元，垫付费用在本案中一并处理，履行时予以扣除。

上海市杨浦区人民法院依照《中华人民共和国民法典》第一千一百六十五条、第一千一百七十三条、第一千一百七十九条、第一千一百八十三条第一款，《最高人民法院关于审理人身损害赔偿案件适用法律若干问题的解释》第三条、第十四条、第十五条、第十六条、第十七条，《最高人民法院关于适用〈中华人民共和国民事诉讼法〉的解释》第九十条的规定，判决如下：

一、被告某婚庆公司应于本判决生效之日起十日内赔偿原告宋甲、原告魏甲、原告魏乙、原告魏丙医疗费、用品费、住院伙食补助费、营养费、护理费、死亡赔偿金、丧葬费、精神损害抚慰金、交通费、律师费共计850000元（履行扣除已垫付的492803.72元）；

二、被告某婚庆公司应于本判决生效之日起十日内支付原告宋甲、原告魏甲、原告魏乙、原告魏丙劳务报酬2000元；

三、原告宋甲、原告魏甲、原告魏乙、原告魏丙的其余诉讼请求，不予支持。

宋甲、魏甲、魏乙、魏丙不服一审判决，提起上诉。

上海市第二中级人民法院同意一审法院裁判意见，判决：

驳回上诉，维持原判。

【法官后语】

在现实生活中，由于种种原因，个别劳动者与用人单位签订劳动合同时，并未使用自己真实的身份信息，而是利用他人的身份信息冒名顶替，或者直接冒用他人身份进行工作，加之某些用人单位审查不严格，用工不规范，造成了实际工作的劳动者与劳动合同上的劳动者身份信息不相符，易发生纠纷。结合本案，对冒用他人名义签订劳动合同的法律效力、发生人身损害责任认定及相关法律问题进行分析。

一、劳动合同效力认定

对合同效力的判断是处理案件的首要前提。《中华人民共和国劳动法》第十八条规定，对违反法律、行政法规的劳动合同和采取欺诈、威胁等手段订立的劳动合同应认定为无效的劳动合同。《中华人民共和国劳动合同法》第二十六条在《中华人民共和国劳动法》规定的基础上细化了劳动合同无效的规定，对以欺诈、胁迫手段违背真实意思表示订立的劳动合同、用人单位违法免除自己责任的劳动合同及违反法律、行政法规强制性规定的劳动合同分为全部无效和部分无效。

在司法实践过程中，对劳动者冒用他人名义与用工单位签订的劳动合同系无效的劳动合同并不存在争议。本案中，故意虚假陈述自己为程甲，未到法定退休年龄并提供了程甲的身份证和电工证，使公司基于错误的认识作出了不真实的意思表示，与“程甲”签订了劳动合同，直接导致劳动合同的实际劳动者与约定劳动者发生了偏差，该劳动合同并不能反映当事人的真实意思表示，也不能达到合同目的，应当认定为全部无效。

二、冒名劳动者与用人单位之间的关系认定

目前我国法律对冒名劳动者与用工单位的关系认定并没有一个明确的判断标准。学术界就这两者之间的关系可以分为两种观点。其中一种观点认为用人单位向冒名劳动者支付劳动报酬，冒名劳动者也受到用人单位的管理和指挥，冒名劳动者与用人单位构成了事实上的劳动关系。[①] 另一种观点认为冒名劳动者在订立劳动合同时构成了欺诈，违背了诚实信用原则，签订的劳动合同应属无效，劳动合同无效，则劳动关系也不成立。[②] 笔者较为认同第二种观点，虽然在司法实践当中，从保护劳动者权益以及维护现实稳定劳资关系出发，劳动者可以享受与合法劳动关系中劳动者一样的福利待遇，但是根据相关法律法规规定，订立劳动合同，应当遵循合法、公平、平等自愿、协商一致、诚实信用的原则，而在劳动者冒名顶替的情况下，用工单位与冒名劳动者对于相应的工作内容、工作地点、工作时间等均未进行过协商，用人单位与冒名劳动者并不存在建立劳动关系的意思表示，不能认定双方存在劳动关系。

三、冒名劳动者发生伤害的双方责任认定

由于冒名劳动者与用人单位签订的劳动合同属无效的劳动合同，双方并未形成合法的劳动关系，即使用人单位为员工购买了保险，但保险的实际受益人并非冒名劳动者，因而冒名劳动者在上班过程受到的人身伤害不能被认定为工伤，无法受到合理的工伤赔偿。本案中，冒名劳动者顶替的行为属故意为之，存在明显过错，用工单位也存在对劳动者身份审查不严的过错，双方均负有责任，对不能理赔的工伤保险部分，双方应予分摊。

编写人：上海市杨浦区人民法院　单嫣

---

① 史尚宽：《债法总论》，中国政法大学出版社2001年版，第279页。

② 张荣芳：《论劳动关系的建立时间》，载《现代法学》2012年第3期。

二、劳务关系与承揽关系的区分

10

承揽关系和劳务关系的相关认定标准

——曾某诉周某、唐某提供劳务者受害责任案

【案件基本信息】

1. 裁判书字号

四川省广安市中级人民法院（2023）川 16 民终 2656 号民事判决书

2. 案由：提供劳务者受害责任纠纷

3. 当事人

原告（被上诉人）：曾某

被告（上诉人）：周某、唐某

【基本案情】

周某将自家住房支木劳务以包工包料的方式按 60 元每平方米的价格发包给唐某。唐某承包该劳务后，召集曾某等工人进行施工，劳务报酬由唐某负责计算支付。后曾某在为阳台柱子支木加固时，不慎致柱子倒塌造成曾某从二楼摔到一楼受伤。当日，曾某被送往甲医院，当天下午被送到乙医院，住院治疗 25 天后出院，曾某住院产生医疗费 51028.07 元。其中周某垫付医疗费 40000 元，唐某垫付医疗费 6000 元。甲司法鉴定所受曾某委托作出司法鉴

定意见书，鉴定曾某为九级伤残，误工期为180日，护理期为90日，营养期为90日。曾某支付鉴定费3100元。周某申请重新鉴定，乙司法鉴定所受广安市前锋区人民法院委托作出司法鉴定意见书，鉴定曾某为九级伤残，误工期评定为180日，护理期评定为90日，营养期评定为90日。周某支付鉴定费3500元。各方当事人均同意曾某的后续治疗费按13000元纳入本案计算，也认可曾某因第二次鉴定实际支出交通费、住宿费等482元。

另查明，周某家新建房屋为两层结构，高约6米，面积约258平方米。除了支木劳务承包给唐某外，其余项目（含外架）由周某负责完成。案涉事故发生时，周某家房屋未搭设外架。周某未举证证实其阻止了曾某施工。

【案件焦点】

1. 原、被告之间的法律关系是什么；2. 二被告对原告受伤的事情是否有过错；3. 二被告是否应对原告承担责任；4. 原告的主张是否合理。

【法院裁判要旨】

四川省广安市前锋区人民法院经审理认为：周某将住房支木劳务以包工包料的方式按60元每平方米的价格发包给唐某，由唐某独立完成支木劳务，双方形成承揽合同关系。曾某受唐某召集提供劳务，在日常提供劳务的过程中，由唐某为其发放工资，曾某与唐某之间形成劳务合同关系。曾某为周某家房屋支木，周某作为发包人应当为施工人员提供安全的作业环境。在房屋未搭设外架存在安全隐患的情况下，周某未阻止曾某作业，也未要求曾某采取安全措施，其行为存在一定过错。唐某作为案涉劳务的承揽人和管理者，其对召集的工人有安全管理职责，其在曾某为周某房屋支木施工作业前未排除安全隐患，作业过程中未提供安全设备，也未要求曾某采取安全措施，其行为亦存在过错。曾某作为施工人员对自身安全负有审慎的注意义务，其明知案涉劳务存在安全隐患，仍麻痹大意，坚持施工，且未采取相应的安全措施，其未能谨慎作业是事故发生的直接原因，其自身亦存在过错。综上，结合各方当事人的过错大小，法院酌情认定由周某、唐某分别对曾某的各项损失承担30%、35%的赔偿责任，曾某自行承担35%的责任。对于曾某主张的各项损失认定如下：曾某的医疗费51028.07元有发票及病历相互印证，法院对此予以确认。曾某伤情为九级伤残，结合伤残系数，按照上年度四川省城镇居民人均可支配收入标准计算，曾某主张其残疾赔偿金165776元符合法律规定。曾某未提供证据证明其具体收入及稳定从事具体行业的情况，对于误工费，法院参照四川省2022年度居民服务业计算至首次定残前一日为13696.96元。结合曾某病情及鉴定报告，曾某主张护理费参照上一年度居民服务业平均工资计算90天共计10698元较为合理，法院予以支持。结合曾某的病情及客观实际，法院酌情认定营养费500元、交通费300元。各方对后续治疗费13000元无异议，法院予以确认。曾某因鉴定支出鉴定费3100元有发票予以佐证，法院予以确认。因第二次鉴定未改变第一次鉴定结果，对于第二次产生的鉴定费3500元由周某负担。第二次鉴定产生的交通费、住宿费等482元纳入本案损失计算。综上，曾某受伤造成的损失共258581.03元，除去二被告垫付的费用后，周某还应向曾某支付37574.31元，唐某应向曾某支付84503.36元。

四川省广安市前锋区人民法院依据《中华人民共和国民法典》第一千一百七十九条、第一千一百九十二条、第一千一百九十三条，《最高人民法院关于适用〈中华人民共和国民事诉讼法〉的解释》第九十条第二款之规定，判决如下：

一、周某向曾某赔偿37574.31元，唐某向曾某赔偿84503.36元；

二、驳回曾某的其他诉讼请求。

周某与唐某均不服一审判决，提出上诉。

四川省广安市中级人民法院经审理认为：二审的争议焦点为本案责任主体的认定及责任比例的划分是否正确。行为人因过错侵害他人民事权益造成损害的，应当承担侵权责任。本案中，周某因修建两层住房，将其中的支木劳务以包工包料的方式按60元每平方米的价格发包给唐某完成，双方之间符合承揽合同法律关系。周某修建的案涉房屋虽不需要相应的施工资质，但其作为房主，对房屋修建过程中负有相应的安全管理责任，并应提供安全的作业环境。而唐某案涉支木劳务过程中，周某未为案涉房屋设置安全防护网、未搭设外架，存在安全隐患，在此情况下，其亦未要求支木工人曾某采取安全措施，其行为存在一定的过错。唐某承揽该劳务后，由其本人提供支木的材料，并召集曾某等工人进行施工，唐某作为案涉劳务的承揽人，其对召集的工人负有监督、管理、教育的职责，但其在曾某进行二楼阳台柱子支木加固前未采取相应措施排除安全隐患，亦未提供安全防护用品，其行为亦存在过错。曾某在提供支木劳务过程中，在无相应安全防护措施的情况下冒险作业，未尽到审慎的注意义务，其自身亦存在一定过错。本案曾某受伤系多因一果引发的损害后果，根据各方当事人对事故的过错程度以及损害后果的发生，一审酌定本案曾某的损失由周某承担30%的责任、唐某承担35%的责任，曾某自行承担35%的责任，并无不当。综上所述，一审判决认定事实清楚，适用法律正确，应予维持。

四川省广安市中级人民法院依照《中华人民共和国民事诉讼法》第一百七十七条第一款第一项规定，作出如下判决：

驳回上诉，维持原判。

【法官后语】

劳动关系、劳务关系和承揽关系作为日常生活中用人用工情形下常见的法律关系，本案即涉及劳务关系和承揽关系的认定问题，如何在审判中准确把握劳务关系和承揽关系的相关认定标准和承揽关系中定作人的过错责任，是本案中值得研究探讨的重点问题。

一、厘清劳务关系和承揽关系的区别

（一）在法律概念层面

劳务关系是指劳务者与用工者之间根据口头或书面约定，由劳务者向用工者提供一次性或者特定的劳务服务，用工者依约向劳务者支付报酬的一种有偿服务的法律关系。即劳务关系强调的是劳务者向用工者提供劳务的过程。依照《中华人民共和国民法典》第七百七十条第一款规定，承揽关系是承揽人按照定作人的要求完成工作，交付工作成果，定作人支付报酬的权利义务关系。即承揽关系强调的是承揽人完成工作并交付工作成果。正如本案中，周某对唐某要求的是支木劳务的最终工作结果，而唐某对曾某要求的是自己承揽的支木劳务中曾某所付出的日常劳务过程。

（二）在当事人法律地位层面

劳务关系是平等主体间形成的提供劳动力服务与接受劳动力服务的关系，提供劳务一方与接受劳务一方虽然不存在管理与被管理的关系，但提供劳务者需要接受劳务一方的指示，如劳务内容，工作地点和工作方式等，本案中曾某受唐某召集为其提供劳务即符合该点。承揽合同关系中双方当事人的地位是平等的，承揽人依靠自己的劳动力、专业技术、专业设备独立完成定作人要求的特定工作，其在工作方式上无需接受定作人的指示，更不会在人身方面受到定作人的支配和控制，虽然定作人也会进行必要的监督检验，但不因此妨碍承揽人正常的工作，承揽人完全可以自行决定操作规程和劳动过程。

（三）劳动报酬层面

劳务关系中提供劳务者一方大多提供的是体力劳动，所获报酬也仅是劳动力的价值，接受劳务者一方在给付报酬时一般会按天或按件给提供劳务者一方计算报酬，报酬的本质是以提供劳务者一方的工作时间为对价，即使未能完成工作成果，但是接受劳务者一方还是应当支付报酬。因此在给付报酬时往往会以多次按天或按件分别结算，即使是以一次性结算报酬，但结算依据也会是各个分段中按天或按件相加的总和进行结算；承揽关系中，承揽人获取报酬以提供符合约定的工作成果为条件，其报酬不仅包含劳动力价值，还应当含有技术成分以及利润成分，该报酬本质上是以承揽人的技术为对价，如果承揽人最终未能完成工作成果，即使付出很多劳动时间，仍然会面临无权要求定作人支付报酬的局面。因此，在给付报酬时往往是以工作成果为结算依据一次性完整结算。本案中周某将支木劳务以包工包料的方式按60元每平方米的价格发包给唐某完成即符合该点。

（四）法律责任层面

劳务关系中提供劳务一方因劳务受到损害的，根据双方各自的过错承担相应的责任，双方当事人均无过错时，应适用公平原则，由受益人在受益范围内对受损害方的经济损失作适当补偿；本案中，唐某作为劳务的召集者和管理者，对召集的工人具有安全管理职责，其在曾某为周某房屋支木施工作业前未排除安全隐患，作业过程中未提供安全设备，也未要求曾某采取安全措施，存在过错。承揽关系中承揽人在完成工作过程中造成自身损害的，定作人不承担赔偿责任，但是定作人对定作、指示或者选任有过错的，应当承担相应的责任。

二、承揽关系中定作人的过错责任

定作人在承揽关系中仅对定作过失、指示过失和选任过失承担责任，该责任属于一般过错责任。在定作过失上，是指定作人对定作事项本身存在过失，如擅自加工危险物品、未能提供安全的工作环境。同时也应当包括定作人所提供的材料本身存在安全问题，而致使承揽人受到损害。本案中，周某就是因为存在定作过失，即对房屋修建过程中负有相应的安全管理责任，但未提供安全的作业环境，所以最终判决其承担相应的过错责任。在指示过失上，是指定作人对承揽人发出的指令存在过失，该指令让承揽人陷入一定的危险处境而致使承揽人受到损害。虽然依据承揽合同的特性，定作人对承揽人并没有支配和管理的权利，但这只是说定作人无权干涉承揽人的工作方法，定作人对定做事项本身还是需要作出一定的指示或安排，此时的指示行为如若出现过失，则定作人需要承担责任。在选任过失上，是指定作事项由于具有特殊性，定作人需要选任符合有关资质要求的承揽人，如果定作人没有严格审查承揽人的相关资质，擅自让承揽人工作的，承揽人受到损害后，定作人应当对选任过失承担责任。

编写人：四川省广安市前锋区人民法院　毛红玲

11

劳务关系和承揽关系的区别

——曹某诉某物资回收经营部提供劳务者受害责任案

【案件基本信息】

1. 裁判书字号

湖北省兴山县人民法院（2023）鄂 0526 民初 485 号民事判决书

2. 案由：提供劳务者受害责任纠纷

3. 当事人

原告：曹某

被告：某物资回收经营部

【基本案情】

2023 年 1 月 10 日，某物资回收经营部经营者甘某请案外人彭某邀约人员在某大桥下货场装卸废铁。受彭某邀约，曹某与案外人王某、郑某等四人于 1 月 11 日到指定地点为某物资回收经营部装卸废铁。

废铁装车完毕后，案外人某建筑集团有限公司现场人员请甘某帮忙吊动放置在现场的塔吊构件设置路障，受甘某的安排，曹某与案外人王某留在现场协助甘某完成随车吊工作。当晚 7 时许，因其中一节塔吊构件未能放置到位，曹某在协助重新放置塔吊构件时，右脚被塔吊构件砸伤。

受伤的曹某将某物资回收经营部起诉至法院，要求赔偿其各类损失共计 10 万余元。

【案件焦点】

1. 曹某与某物资回收经营部之间的关系如何认定；2. 曹某的请求能否得到支持。

【法院裁判要旨】

湖北省兴山县人民法院经审理认为：事发当日，曹某等人在货场为某物资回收经营部装卸废铁，虽然曹某系受彭某邀约，但曹某等人装卸的废铁系某物资回收经营部购买，且在实际工作中，曹某听从某物资回收经营部经营者甘某安排，并由某物资回收经营部支付费用，某物资回收经营部为本案接受劳务一方，曹某等人为提供劳务一方。而在承揽关系中，承揽人按照定作人的要求完成工作，交付工作成果，定作人支付报酬，除当事人另有约定外，承揽人应当以自己的设备、技术和劳力，完成主要工作。本案中，曹某等人在装卸废铁作业过程中，设备、技术均由某物资回收经营部提供，曹某仅根据自身劳力获得报酬，并不符合承揽关系的特征，因此曹某、某物资回收经营部之间应认定为劳务关系。本案曹某在协助某物资回收经营部雇请的随车吊为案外人吊塔吊构件时受伤。从庭审查明的事实来看，某物资回收经营部装卸的废铁系从案外人处购买，当日为某物资回收经营部提供劳务者共有含曹某在内的多人，废铁装卸完毕后，案外人请某物资回收经营部吊塔吊构件，某物资回收经营部的经营者甘某安排其中两人跟随其装煤气罐，曹某及王某协助吊塔吊构件，将曹某致伤的随车吊由某物资回收经营部雇请并接受其安排，曹某受伤时提供劳务的行为仍在继续，应当认定曹某在为某物资回收经营部提供劳务过程中受伤，本案应为提供劳务者受害责任纠纷。对某物资回收经营部关于本案双方之间为承揽合同关系，曹某与案外人为义务帮工关系的辩称意见不予采纳。

关于双方责任认定。行为人因过错侵害他人民事权益造成损害的，应当承担侵权责任。提供劳务一方因劳务造成他人损害的，由接受劳务一方承担侵权责任。提供劳务一方因劳务受到损害的，根据双方各自的过错承担相应的责任。本案中，某物资回收经营部原作为接受劳务一方，应当尽到安全保障义务，现因其雇请的随车吊在作业过程中，未确保安全导致曹某受伤，存在过错，应该由接受劳务方某物资回收经营部承担赔偿责任。曹某作为提供劳务一方，在提供劳务过程中，对自身安全也存在一定的防范和注意义务，因曹某对自身安全疏于防范，导致受伤，自身存在一定过错，应当自行承担一定责任。法院根据本案事实及双方过错程度，确定本次事故造成的损失，由某物资回收经营部承担90%的赔偿责任，由曹某自行承担10%的责任。

湖北省兴山县人民法院依照《中华人民共和国民法典》第一千一百六十五条第一款、第一千一百七十九条、第一千一百九十二条，《最高人民法院关于审理人身损害赔偿案件适用法律若干问题的解释》第七条、第八条、第九条、第十条、第十一条，《中华人民共和国民事诉讼法》第六十七条之规定，判决如下：

一、某物资回收经营部于本判决发生法律效力之日起十日内赔偿曹某各项损失21463.80元；

二、驳回曹某的其他诉讼请求。

宣判后，双方当事人均未上诉，一审判决已经生效。

【法官后语】

在认定工伤事故责任中，区分劳务关系和承揽关系的界限非常重要。在劳务关系中，用人单位对劳动者支付的薪金，是购买劳动者劳动的对价，换言之，用人单位购买了劳动者的劳动，就对劳动者的劳动过程负责，因此，在违法转包、分包、挂靠经营等特定情形下，劳动者遭受工伤事故损害，用人单位应当承担赔偿责任，这个赔偿责任通常采用工伤保险予以转嫁。在承揽关系中，定作人支付的不是薪金而是加工费，是购买劳动成果的对价，因此，承揽人的劳动过程不在定作人的监督之下，定作人不对承揽人的劳动过程负责，承揽人在承揽活动中受伤或者聘用他人在工作中遭受人身伤害的，定作人一般不承担侵权责任，除非其对定作、指示或者选任有过错，则应承担相应的责任。

正因如此，当事人之间的法律关系属于劳务关系性质的，劳动者在执行职务中造成自己人身损害，构成工伤事故责任，应当依照《工伤保险条例》和最高人民法院的司法解释规定，确定工伤事故责任，对受到损害的劳动者进行救济。而构成承揽关系，承揽人在加工过程中造成自己的人身损害，不构成工伤事故责任，而构成承揽关系中的人身损害，应当按照《中华人民共和国民法典》第一千一百九十三条规定，依照定作人指示过失责任确定赔偿责任。

劳务关系和承揽关系的区别在于：

1. 概念不同。劳务关系是指平等民事主体之间就一方向另一方提供劳务，另一方接受劳务并支付约定的报酬而形成的权利义务关系。而承揽关系是指承揽人按照定作人的要求完成工作，交付工作成果，定作人给付报酬的权利义务关系。

2. 双方当事人之间是否存在人身支配与服从管理关系不同。劳务关系的双方只需具有普通民事主体资格，而不要求具有劳动者资格或用工资格，提供劳务者要接受劳务者的安排、管理，但双方只存在财产关系，不存在隶属关系。承揽关系中双方当事人的地位是平等的，承揽人在完成工作的过程中具有独立性，不受定作人的管理，与定作人之间不存在支配与服从的关系。

3. 取得的报酬不同。劳务关系中劳动者所获报酬仅是劳动力的价值，劳动者并不享受社保、住房公积金、职业年金等待遇。承揽关系中的报酬不仅包含劳动力的价值，还含有技术方面的价值，以及一定的利润。

4. 劳动过程中致人损害或者自己受到伤害的责任承担不同。劳动关系中劳动者在劳动过程造成他人损害，根据《中华人民共和国民法典》第一千一百九十一条的规定，由用人单位承担侵权责任；劳动者自己受到伤害，劳动者根据《中华人民共和国社会保险法》《工伤保险条例》等相关规定享受工伤待遇。承揽关系中承揽人在完成工作过程中造成他人损害或者自己受到伤害，承揽人和定作人根据《中华人民共和国民法典》第一千一百九十三条的规定承担责任。

编写人：湖北省兴山县人民法院　杨丽君

12

《民法典》视角下劳务关系与承揽合同关系之区分认定

——聂某诉某贸易公司提供劳务者受害责任案

【案件基本信息】

1. 裁判书字号

浙江省宁波市中级人民法院（2022）浙02民终3879号民事判决书

2. 案由：提供劳务者受害责任纠纷

3. 当事人

原告（上诉人）：聂某

被告（被上诉人）：某贸易公司

【基本案情】

某贸易公司长期经营地板批发业务，聂某长期从事地板安装工作。双方自2017年开始合作，某贸易公司供应的地板需要安装时，由聂某负责安装，双方以安装面积结算报酬，每平方米4元，一年结算三次，聂某的生活费由该贸易公司通过预支形式支付。2021年5月17日，被告应约向宁波市海曙区某婚纱店提供地板，地板由聂某等人送至该地点并进行安装。安装时，聂某被放置在现场的玻璃砸伤，后经司法鉴定所鉴定，认定其因外伤致右外踝骨折，手术后功能丧失50%以上，构成致残等级十级，建议误工期180日、护理期90日、营养期90日。此后，原、被告就赔偿事宜未能达成一致，原告诉至法院要求被告基于劳务关系，支付伤残赔偿金、医疗费、误工费等。

【案件焦点】

聂某与某贸易公司之间构成劳务关系还是承揽合同关系。

【法院裁判要旨】

浙江省宁波市鄞州区人民法院经审理认为：该案的争议焦点系聂某与某贸易公司之间是否存在劳务关系，判断劳务关系是否存在，应从双方是否有雇佣协议、支付劳务报酬、提供劳务者是否由接受劳务者控制、指挥和监督等方面进行综合考量。本案中，首先，聂某与某贸易公司间未形成书面雇佣协议，也未有事实证明存在雇佣协议。在合作方式上，某贸易公司仅是在客户提出地板安装需求时，根据合作内容，将后续安装的内容承包给聂某予以完成。其次，聂某作业不受某贸易公司的监督和现场管理。从沟通内容来看，某贸易公司在需要安装时，通常会将订单提供给聂某，并告知安装地点和时间，安装时并不提供意见和监督，且无安装需求时也不会安排原告其他工作。再次，聂某与某贸易公司间的报酬金额仅是按照工作量结算，预支的生活费也会在报酬金额结算时予以扣除。最后，聂某在施工时通常会带上其儿子、学徒一同施工，不符合劳务关系的一般形式。综上，法院认为聂某与某贸易公司之间为聂某按照某贸易公司要求向某贸易公司交付工作成果，某贸易公司支付报酬的承揽合同关系，聂某要求某贸易公司承担接受劳务者责任，支付赔偿及相关费用的诉请，缺乏法律依据。

浙江省宁波市鄞州区人民法院依据《最高人民法院关于适用〈中华人民共和国民事诉讼法〉的解释》第九十条之规定，判决如下：

驳回聂某的诉讼请求。

聂某不服一审判决，提出上诉。

浙江省宁波市中级人民法院同意一审法院裁判意见，判决：

驳回上诉，维持原判。

【法官后语】

民法上对劳动关系情形外常见的劳务关系和承揽关系采取了不同的归责原

则，《中华人民共和国民法典》第一千一百九十二条在结合原《中华人民共和国侵权责任法》第三十五条、原《最高人民法院关于审理人身损害赔偿案件适用法律若干问题的解释》第九条、第十一条后对个人用工责任进行了统一，该关系适用“无过错+一般”的归责原则（单位与个人之间的劳务关系亦类推适用），即提供劳务者在从事雇佣活动中造成他人损害，采用无过错原则，而遭受人身损害的，应根据双方各自的过错承担相应的责任。而根据《中华人民共和国民法典》第一千一百九十三条规定，承揽关系则适用相对严格的过错责任原则，即承揽人在完成工作过程中对第三人造成损害或者造成自身损害的，定作人一般不承担赔偿责任，只有定作人对定作、指示或者选任有过失，才承担相应的赔偿责任。因此，区分两者的界限非常重要，是损害责任划分的前提，尤其是在造成他人损害的情况下。

在劳务关系中，用人单位对劳动者支付的薪金，是购买劳动者劳动的对价，换言之，用人单位购买了劳动者的劳动，就对劳动者的劳动过程负责，因此，劳动者遭受人身损害，用人单位需承担相对严格的赔偿责任。在承揽关系中，定作人支付的不是薪金而是加工费，是购买劳动成果的对价，因此，承揽人的劳动过程不在定作人的监督之下，定作人不对承揽人的劳动过程负责，承揽人遭受人身损害也不是由定作人承担责任，而是由他们自己解决。具体辨别点如下：

一、提供劳动还是提供劳动成果

劳务合同与承揽合同在工作目的方面有根本区别。在劳务合同中，劳动者在用人单位工作的目的是向用人单位提供劳动，换言之，用人单位出资购买的是劳动者的劳动力；在承揽合同中，承揽方提供劳务是完成定作人定作的工作成果，劳务是工作的手段。在一般情况下，在劳务合同中，用人单位一般要为劳动者提供生产场地、劳动工具和设备等；而在承揽合同中，承揽人则是自备工具，可以在自己的生产场地进行工作，也可以到定作人的处所进行加工，例如企业或者家庭装修，必须到定作人的处所进行，否则不能完成加工任务。

二、支付薪金还是支付劳动成果对价

劳务合同和承揽合同在报酬结算方面也有根本区别。在劳务合同中，用人单位对劳动者支付的是薪金，薪金的发放以时间为计算单位，结合相应的行业标准确定，劳动者一般能在长时间内获得稳定的报酬数额。此外，也有“底薪+提成”或按件发放的工资模式，但提成标准一般远低于其创造的价值，且存在福利、奖金等多种形式。在承揽合同中，定作人对承揽人支付的报酬是购买劳动成果的对价，是一次性或按阶段结算，约定的工作完成交付劳动成果后双方即予结算。承揽合同的报酬不同于一般劳务关系中的报酬，其报酬构成不仅包含劳动力的价值，还应当含有技术成分的价值以及一定的利润成分；该报酬在价值上与买卖关系中的价格相似，承揽人享有一定的额外利益；正因为其报酬的特殊性，法律也就规定了承揽人对定作物的法定留置权，也体现了承揽人应自行承担风险，所以承揽方亏损的事例并不鲜见。本案中，原、被告间的报酬金额仅是按照工作量结算，预支的生活费也会在报酬金额结算时予以扣除，而非表面上的“底薪+提成”的薪酬模式，每平方米4元的计费标准虽在市场处于中偏下价位，但仍有利润空间，且原告以整体铺设完毕的方式向被告交付工作成果，应认定承揽关系可能性较大。

三、劳动者是用人单位的组成部分还是独立进行经营活动

劳务合同和承揽合同在劳动者的地位上也有根本性区别，劳动者所提供的劳动是其独立的业务或者经营活动，还是构成用人单位业务或者经营活动的组成部分，是区分两种不同的合同的一个重要标志。在劳务合同中，劳动者从事的工作构成用人单位的组成部分，是用人单位业务的“完整”的和“不可缺少”的。在承揽合同中，承揽人的工作不属于定作人的业务或者经营活动，其工作是独立的业务或者经营活动。本案中，被告系地板批发企业，同时存在B2C（企业对消费者，即Business to Consumer）及B2B（企业对企业，即Business to Business）两种经营模式，其营业执照载明的经营范围亦不包含建筑安装项，仅在B2B模式中经客户提出时才会提供该服务，存在的地板安装服务并非其经营活动中的必要环节。

四、用人单位与劳动者之间是否有一定的人身依附关系

劳务合同与承揽合同的人身依附关系不同。在劳务合同中，用人单位与劳动者之间存在较为明显的人身依附关系，劳动者应在用人单位指定的工作地点、时间范围内从事用人单位指定的工作，用人单位可以制定工作操作规范和工作纪律等管理制度、规定上下班时间，在工作过程中，用人单位可以监督劳动者的工作。在承揽合同中，定作人和承揽人的双方地位平等，双方不存在人身控制、管理关系，承揽人只要依约定完成工作即可，在工作过程中并无劳动纪律、上下班时间等管理制度的约束，工作独立性较强，承揽人根据工作需要可以在定作人指定地点，也可以在其他工作场所、定作人规定期限内的任何时间完成工作，定作人即便存在监督，也是侧重于对劳动成果的验收，而不是管理意义上的监督。本案中，被告仅仅在需要安装时，通常会将订单提供给原告，并告知安装地点和时间，安装时并不在场提供意见和监督，且无安装需求时也不会安排原告其他工作，原、被告间属于地位平等的“弱连接”模式，劳务关系可能性相对较小。

五、合同的权利义务是否可以转移

在权利义务能否转移方面，劳务合同与承揽合同也存在重要区别。在劳务合同中，劳务一般为种类劳务，可以理解为在一个机械中的单个可调换配件，强调体系的影响力，而对个人技术、能力无较强的依赖，遇劳动者临时有事时，可在整个工作体系的指导下由其他劳动者完成工作，如聘用物业为承揽服务合同性质，其中单个个体均可以在体系之下调换。在承揽合同中，由于承揽人的工作具有较强的技术性因素，属特定劳务，定作人挑选承揽人时注重承揽人的技术、设备等特定条件，故不经定作人同意，承揽人不能擅自将义务转移给他人。本案中，原、被告合作已有4年，且原告接单后会带上其儿子、学徒一同施工，从其工作内容来看，原告本人相对被告的经营业务较为独立且工作时自成体系，不具备劳务合同中劳务提供者的可替代性。因此，不应认定为劳务关系。

编写人：浙江省宁波市海曙区人民法院　樊卓玮

13

承揽关系与劳务关系的区别与认定

——李某甲等诉周某甲提供劳务者受害责任案

【案件基本信息】

1. 裁判书字号

广西壮族自治区柳州市城中区人民法院（2023）桂 0202 民初 2856 号民事判决书

2. 案由：提供劳务者受害责任纠纷

3. 当事人

原告：李某甲、陈某甲、陈某乙、陈某丙、刘某甲

被告：周某甲

第三人：杨某甲、覃某甲、陈某 A

【基本案情】

周某甲将其自有房屋出租给第三人覃某甲和杨某甲居住使用。2023 年 5 月 6 日，由于出租屋的空调不制冷，杨某甲就联系周某甲让其负责维修。周某甲当天微信联系第三人陈某 A 过来维修空调。但是当时陈某 A 不在柳州，推荐周某甲另找到陈某丁（已故），于当晚添加了陈某丁微信并请其维修空调。陈某丁前往查看空调故障后，提出更换新空调的建议，周某甲采纳建议并且与陈某丁商定：由陈某丁将旧空调拆除后免费安装新空调，用旧空调抵扣新空调的安装费用。2023 年 5 月 17 日 19 时左右，陈某丁携带劳动工具和安全防护工具前往案涉出租屋实施空调外机拆卸作业，陈某丁让第三人覃某甲提供一张凳子、一个撑衣杆后，就爬到西侧卧室南面窗口开始独立作业。其间，陈某丁首先对

窗外防盗网螺钉进行卸除，而后在未系安全绳的情况一手扶着防盗网、一手手持撑衣杆支撑防盗网准备对空调外机进行拆卸。19 时 10 分左右，防盗网突然脱落并带倒陈某丁一同坠落下楼。事故发生后，第三人覃某甲和杨某甲立即拨打 120 急救电话求救，120 急救人员赶到后确认陈某丁已无生命体征，但仍将其送至医院抢救，19 时 30 分，医院宣告陈某丁经抢救无效死亡，酿成诉讼。

另查明，陈某丁与李某甲于 2014 年 11 月 14 日登记结婚，两人共生育两名子女，大女儿陈某甲于 2015 年 5 月 9 日出生，小儿子陈某乙于 2017 年 8 月 18 日出生。陈某丙与刘某甲为陈某丁的父母。

李某甲、陈某甲、陈某乙、陈某丙、刘某甲作为其合法继承人，认为陈某丁与周某甲之间存在劳务关系，周某甲未尽到安全提示义务，未提供安全保障措施，周某甲对事故的发生存在重大过错，故五原告向法院提起诉讼。

周某甲认为其与陈某丁之间不存在劳务关系或者承揽关系，不同意李某甲等人的主张。

【案件焦点】

周某甲与陈某丁之间是承揽合同关系还是劳务合同关系。

【法院裁判要旨】

广西壮族自治区柳州市城中区人民法院经审理认为：周某甲作为房东为解决出租房空调故障目的，找到长期从事家电维修及空调安装业务的陈某丁开展工作。陈某丁经查看故障后，提出更换新空调的建议，周某甲采纳该建议，并与陈某丁商定“将旧空调折抵安装新空调的工作报酬”，故而陈某丁前往出租房进行旧空调的拆卸工作，并且自带劳动工具和防护工具。可见，陈某丁在完成修复空调故障及拆卸空调的工作中具有独立性，以自己的设备、技术、劳力等完成工作任务，不受周某甲的指挥管理，故而与周某甲形成承揽关系。周某甲辩称与陈某丁处于对是否建立承揽关系进行协商的过程中，未实际成立承揽关系。周某甲对此辩称未举证证明，并且根据陈某丁实际开展维修及拆卸空调工作的事实，周某甲的辩称不成立。根据《中华人民共和国民法典》第一千一百九十三条的规定，周某甲作为定作人，选任无高空作业资质的陈某丁从事相关工作，应当承担相应的责任。陈某丁作为长期从事空调安装工作的人员，对于防范高空作业的危险应当具备基本的意识和经验，作业过程中未采取适当的措施导致坠楼致死，也应当承担相应的责任。根据双方各自的过错程度，法院酌情认定周某甲对陈某丁的死亡承担20%的过错责任。第三人既不是安全保障责任人，也未与陈某丁建立法律关系，不应当承担责任。

广西壮族自治区柳州市城中区人民法院依照《中华人民共和国民法典》第一千一百六十五条、第一千一百七十二条、第一千一百九十三条，《最高人民法院关于审理人身损害赔偿案件适用法律若干问题的解释》（法释〔2022〕14号）第十四条、第十五条、第十七条，《最高人民法院关于确定民事侵权精神损害赔偿责任若干问题的解释》（法释〔2020〕17号）第五条，《中华人民共和国民事诉讼法》第六十七条的规定，判决如下：

一、周某甲向李某甲、陈某甲、陈某乙、陈某丙、刘某甲赔偿各项损失246968元；

二、驳回李某甲、陈某甲、陈某乙、陈某丙、刘某甲的其他诉讼请求。

宣判后，双方当事人均未上诉，一审判决已生效。

【法官后语】

在提供劳务者受害责任纠纷案件中，承揽关系和个人劳务关系的区别一直存在较大的不确定性。劳务关系与承揽关系不同，赔偿责任的认定标准也不一样。本案即涉及劳务关系与承揽关系的区别与认定，正确区分两种法律关系，才能厘清应承担的法律责任。

一、承揽关系与劳务关系概述

根据《中华人民共和国民法典》第七百七十条至第七百七十二条的规定，承揽关系是指承揽人按照定作人的要求完成工作，交付工作成果，定作人支付报酬的权利义务关系，承揽人应使用自己的设备、技术和劳力完成主要工作，但当事人另有约定除外。个人劳务关系主要体现在《中华人民共和国民法典》第一千一百九十二条中，是指平等民事主体之间提供劳务一方根据接受劳务一方的指挥与安排，为其提供特定或不特定的劳务，接受劳务一方按照约定给付报酬的权利义务关系。

二、承揽关系与劳务关系的区别

承揽合同以完成工作为中心，完成工作就需要当事人提供劳务，而劳务关系中也需要劳动者提供劳务，故承揽关系与劳务关系存在一定的相似之处，但两种关系也存在明显区别，主要体现在：

1. 独立性不同。承揽合同中，承揽人在完成工作中具有独立性，承揽人以自己的设备、技术、劳力等完成工作任务，不受定作人的指挥管理。而劳务合同中提供劳务一方与接受劳务一方之间虽然不像劳动关系具有特定的人身隶属关系，但提供劳务一方受接受劳务一方的支配，须听从接受劳务一方的安排、指挥并在其监督下提供劳务。

2. 目的不同。承揽合同中，承揽方以完成工作成果为目的，提供劳务只是其完成工作成果的手段。劳务合同中，提供劳务一方以提供单纯的劳动力为目的。

3. 给付劳动报酬的方式不同。承揽合同中承揽人的报酬一般是一次性结算，劳务合同关系中往往是接受劳务一方定期给付提供劳务一方相应报酬。

4. 归责原则不同。不同的法律关系意味着不同的赔偿责任。承揽合同的标的为工作成果的交付，在合同义务履行完毕即工作成果交付之前，因提供劳务而产生的损害，原则上应由提供劳务一方自己承担，只有定作人在定作、指示、选任方面存在过失的，接受劳务一方才承担相应赔偿责任。个人间的劳务合同的标的为提供劳务的方式和手段本身，提供劳务的过程即为合同的履行，因此提供劳务一方在履行劳务过程中受到损害，原则上根据双方各自的过错承担相应责任。

具体到本案，陈某丁与周某甲之间成立承揽关系，体现在：（1）在拆装空调过程中，陈某丁自带工具及安全防护设备前往出租屋进行空调拆卸作业，其以自己的技术、设备、劳力完成工作，不受周某甲的指挥管理；（2）报酬给付方式为一次性给付，陈某丁与周某甲达成用旧空调费用折抵新空调的安装费用的协议，属于完成工作成果即给付报酬的一次性给付方式。因此陈某丁与周某甲之间成立承揽合同关系。陈某丁在履行承揽合同过程中造成自己损害，根据《中华人民共和国民法典》的规定，周某甲承担侵权责任的前提是其对空调拆装业务的定作、指示、选任上存在过错，并且该过错与损害后果之间存在因果关系。首先，从陈某丁发生事故的经过看，陈某丁系未采取防护措施进行高空作业，站在窗台上拆卸防盗网，防盗网脱落致其坠楼死亡，其死亡的直接原因是陈某丁在高空作业时未采取防护措施所致，陈某丁存在过错应自行承担相应责任。其次，从承揽关系中的定作、指示、选任层面看，案涉业务是陈某丁进行空调拆装，业务本身不具有违法性，周某甲不存在定作层面的过错，陈某丁自带工具施工，周某甲未对其施工内容、方法、步骤进行管理，不具有指示层面的过错。但案涉业务涉及高空作业，陈某丁应当具有高空作业资质，周某甲将涉及高空作业的空调拆装业务交付给陈某丁完成，存在选任过错。最后，从过错与损害后果的因果关系看，陈某丁是在未采取防护措施的情况下进行高空作业进而坠楼死亡，对事故的发生具有重大过错，是导致事故发生的主要原因，应承担事故的主要责任。周某甲将案涉业务交付给不具备相应资质的人员进行作业，具有选任层面的过错，由于周某甲的选任过错对事故发生的原因力较小，故承担事故的次要责任。综合事故发生的实际情况及双方的过错程度，本院酌定周某甲承担20%的损害赔偿责任。

编写人：广西壮族自治区柳州市城中区人民法院　韦丹阳

14

劳务关系与承揽关系在人身损害赔偿纠纷中的辨析与适用

——任某诉许某等提供劳务者受害责任案

【案件基本信息】

1. 裁判书字号

广东省广州市从化区人民法院（2023）粤0117民初403号民事判决书

2. 案由：提供劳务者受害责任纠纷

3. 当事人

原告：任某

被告：许某、郭某、邓某、某车辆配件公司

【基本案情】

2021年1月5日，某车辆配件公司与许某签订了《协议书》，约定某车辆配件公司将其公司内的生产车间990平方米租给许某，合同承租期限为2年，自2021年2月1日起至2023年1月31日止。后许某将厂房的装修、改造工程发包给了郭某。在上述工程施工期间，郭某将搭铁皮棚等工程分包给邓某，邓某安排任某在案涉厂房工作。2021年1月8日，任某在上述厂房工作时由于梯子不稳，从梯子上摔落至地面受伤（离地面约2米）。任某受伤后，住院治疗24天，花费医疗费40174.58元。

2023年4月11日，某司法鉴定中心出具司法鉴定意见书，鉴定意见：（1）委托材料是符合、充分及关联的，予以采纳；（2）被鉴定人任某胸12椎体压缩性骨折，行手术治疗，评定为十级伤残。许某、郭某、邓某、某车辆配件公司对某司法鉴定中心的鉴定结果均未提出异议及重新鉴定申请。

【案件焦点】

1. 任某与邓某之间是否存在劳务合同关系；2. 各方责任的认定。

【法院裁判要旨】

广东省广州市从化区人民法院经审理认为：本案中，结合当事人的诉辩情况、提交的证据，法院对某车辆配件公司将案涉厂房租给许某，许某将案涉厂房的装修、改造工程发包给了郭某，郭某将上述工程的搭铁皮棚等工程分包给邓某，事故发生时任某正在为邓某提供劳务的事实予以认定。邓某在劳务关系中作为劳务活动的组织者、指挥者、监督者和风险的防控者，对提供劳务者的活动应负有安全注意和劳动保护的义务，本次事故发生时，邓某未尽到提供安全的施工条件及保障提供劳务者人身安全的谨慎注意义务；而任某作为劳务活动的提供者，未尽谨慎注意义务，对其本人受伤的后果亦存在一定的过错。为此，法院酌情认定任某承担20%的责任，邓某承担60%的责任。郭某将案涉厂房装修、改造工程中的搭铁皮棚等工程分包给没有相应资质或安全生产条件的邓某，应当与邓某承担连带责任。另外，根据相关规定，凡从事室内装饰活动的设计单位和施工企业，都必须按规定申请办理资质等级证书。本案中，许某将案涉厂房的装修、改造工程发包给了没有相应资质或安全生产条件的郭某存在选任上的过错，而且对施工安全作业缺乏必要的安全措施和安全防护监管，也存在一定过错，故法院认定许某应对事故发生承担20%的责任。此外，签订《协议书》后，某车辆配件公司并不对出租的生产车间作生产经营使用，该生产车间的实际控制人、管理人和使用人为许某。故某车辆配件公司无须对任某的损失承担赔偿责任。

关于本案赔偿数额的认定问题。法院认为，此次事故给原告造成的损失为238545.72元（包含精神损害抚慰金5000元）。未包含精神损害抚慰金5000元的损失金额为233545.72元，被告郭某、邓某承担60%的金额为140127.44元（233545.72元×60%），被告许某承担20%的金额为46709.14元（233545.72元×20%），另加精神损害抚慰金5000元（该金额在赔偿项目中已根据原告的主张及被告过错程度进行认定），根据被告郭某、邓某、许某的责任比例，被告郭某、邓某连带承担的金额为3750元，被告许某承担的金额为1250元。即被告郭某、邓某的连带赔偿金额合计为143877.44元，被告许某的赔偿金额合计为47959.14元。原告自行承担20%的金额为46709.14元（233545.72元×20%）。

广东省广州市从化区人民法院依照《中华人民共和国民法典》第一千一百七十二条、第一千一百七十九条、第一千一百九十二条、第一千一百九十三条，《中华人民共和国建筑法》第二十六条，《最高人民法院关于审理人身损害赔偿案件适用法律若干问题的解释》（2020修正）第六条、第七条、第八条、第九条、第十条、第十一条、第十二条、第十三条、第十七条、第二十三条，《最高人民法院关于确定民事侵权精神损害赔偿责任若干问题的解释》第一条、第五条以及《中华人民共和国民事诉讼法》第六十七条之规定，判决如下：

一、郭某、邓某应自本判决发生法律效力之日起十日内连带赔偿143877.44元给任某；

二、许某应自本判决发生法律效力之日起十日内赔偿47959.14元给任某；

三、驳回任某的其他诉讼请求。

判决作出后，当事人未上诉，判决已经发生法律效力。

【法官后语】

劳务者在提供劳务过程中受害后，承担责任的主体因存在不同的合同关系而导致责任的承担有所差异。因此，如何判断基础法律关系往往成为法院审理提供劳务者受害责任纠纷案件的争议焦点和难点。司法实践中，劳务关系与承揽关系是劳务者受害责任纠纷中较多涉及的两种合同关系。《中华人民共和国民法典》第一千一百九十二条第一款规定，个人之间形成劳务关系，提供劳务一方因劳务造成他人损害的，由接受劳务一方承担侵权责任。接受劳务一方承担侵权责任后，可以向有故意或者重大过失的提供劳务一方追偿。提供劳务一方因劳务受到损害的，根据双方各自的过错承担相应的责任。而第一千一百九十三条规定："承揽人在完成工作过程中造成第三人损害或者自己损害的，定作人不承担侵权责任。但是，定作人对定作、指示或者选任有过错的，应当承担相应的责任。”从上述两个法律规定可以看出，承揽人与接受劳务者基于不同的合同关系，在归责原则的适用、赔偿责任的认定等问题上有明显区别。本案中，许某将案涉厂房的装修、改造工程发包给了郭某，郭某将上述工程的搭铁皮棚等工程分包给邓某，事故发生时任某正在为邓某提供劳务，当中涉及三个法律关系：许某与郭某之间存在承包合同关系，郭某与邓某之间存在分包关系，邓某与任某之间存在劳务关系。基于任某与邓某存在劳务关系，任某因劳务受到伤害，双方应根据各自的过错承担相应责任。许某、郭某、邓某三人之间的法律关系同属于承包合同关系范畴，与承揽关系十分相近，在现行法律没有对承包关系中的侵权责任进行规定的情况下，可以参考承揽关系的相关规定。郭某将案涉厂房装修、改造工程中的搭铁皮棚等工程分包给没有相应资质或安全生产条件的邓某，其应当与邓某承担连带责任。许某在明知道或应知道郭某没有相关资质的情况下，仍将案涉厂房的装修、改造工程发包给了郭某，对损害的发生具有一定过错，应承担相应的责任。为此，只有明确区分承揽关系与劳务关系，方能对各责任主体之间的承责分配情况进行清晰判断。

承揽关系与劳务关系的区分：

1. 主体地位不同。劳务关系较之承揽关系具有从属性，提供劳务者在接受劳务者的管理、指示下开展工作，在劳动时间、地点、内容等诸多方面都在很大程度上受制于接受劳务方。而承揽关系中，承揽人具有较强的独立性和自主权，与定作人之间无从属关系，由承揽人自行决定如何完成工作、交付成果。

2. 合同目的不同。劳务关系是基于拥有较多生产资料的接受劳务者为弥补自身劳动力不足将自己的生产资料与他人的劳动力相结合的需求而产生的，提供劳务者仅需要向接受劳务者提供一定的劳务，并不要求特定的劳动成果。而承揽关系中承揽人需要按照定作人的要求完成工作，并交付特定工作成果。因此，即使承揽人按照约定提供了劳务，但未能完成工作成果，定作人可以不支付报酬。

3. 劳动条件情况不同。劳务关系中，一般由接受劳务者提供劳动场所、生产资料等劳动条件。而承揽关系中，承揽人则以自己的设备、技术和劳力完成承揽工作，一般不指定工作场地、生产资料等。

4. 报酬支付方式不同。由于劳务关系以劳务活动为目的，故报酬一般有固定标准，如按日支付等，且即使提供劳务者未能完成工作成果，接受劳务者无权拒付报酬。而承揽关系，由于以劳动成果为目的，一般需要经过定作人对工作成果进行验收后一次性支付报酬。

5. 承担责任不同。劳务关系中所产生的风险由接受劳务的一方承担，接受劳务者对提供劳务者的人身损害承担的是无过错责任。而承揽关系中所产生的风险由完成工作成果的承揽人承担，承揽关系定作人承担的是违约责任和过错责任。

劳务和承揽同属用工的形式，倘若产生纠纷，二者的法律性质和责任分配结果有着明显区别。因此，一方面，就提供劳务者的角度而言，虽然社会城市建设不能离开提供劳务人员的付出，但是他们仍需要在提供劳务的过程中，不断提高自己劳动操作规范性，不断增强安全防范意识，尽量减少安全事故发生。另一方面，就接受劳务者或定作人的角度而言，房地产开发商、建筑公司、装修公司等市场经济参与主体，在发包、分包工程，雇佣提供劳务者等工作中，应规范合同签订程序，严格按照法律法规对工程进行发包、分包，为提供劳务者投保人身保险、提供安全生产场所和设备等，最大限度降低用工风险，保护劳动者安全。

编写人：广东省广州市从化区人民法院　潘欣

三、接受劳务者与提供劳务者的责任划分

15

施工人员受伤后的责任承担

——申某诉姜某等提供劳务者受害责任案

【案件基本信息】

1. 裁判书字号

浙江省金华市武义县人民法院（2022）浙0723民初2173号民事判决书

2. 案由：提供劳务者受害责任纠纷

3. 当事人

原告：申某

被告：姜某、浙江某公司、武义某公司、邓某

【基本案情】

武义某公司承租了浙江某公司的厂房。2021年6月14日，武义某公司与姜某签订《喷漆房改造协议》一份，将表面车间的油漆房改造工程承包给姜某施工。其间经他人介绍，姜某与邓某达成联系，后由邓某、申某、申甲及邓某1四人就该油漆房改造工程的风管安装工作进行施工，工资计件，30元每平方米。由姜某提供风管等安装材料，申某等人自带安装工具。2021年7月19日，申某在安装风管的过程中从风机上摔落受伤，经医院诊断为：腰2椎体骨折、

右胫腓骨骨折、腰部后方韧带复合体损伤、腰2双侧横突骨折、腰2右侧椎弓骨折、全身多处软组织挫伤等。其间，申某住院治疗21天，辗转数处医院共花费医疗费47352.67元。

另，诉讼过程中，申某申请法院就伤残等级及误工期、护理期、营养期进行鉴定，法院委托司法鉴定中心进行鉴定，于2022年8月29日出具鉴定报告，鉴定结论为：（1）致残程度鉴定为九级；（2）误工期以180日、护理期以90日、营养期以90日为宜。

【案件焦点】

1. 浙江某公司、武义某公司是否应承担赔偿责任；2. 姜某与申某等四人间是何种法律关系；3. 申某自身及邓某是否应承担责任。

【法院裁判要旨】

浙江省金华市武义县人民法院经审理认为：针对焦点一，虽事故发生在浙江某公司厂房内，但该厂房已租赁给武义某公司管理使用，故对该起事故浙江某公司不存在相应的赔偿责任。喷漆房改造及风机安装系具有一定危险性质的作业，武义某公司在安全管理上存在一定的疏忽，对事故的发生存在一定的过错，综合实际情况，酌定武义某公司承担20%的赔偿责任。针对焦点二，根据庭审调查、证人证言及申某自认，该风管安装工程为计件工资，根据工程量计算报酬；除脚手架外申某等四人在施工时均自行携带工具；在姜某安排的工期内，其四人对工作时间安排亦较为自主，故姜某与申某等四人间应认定为承揽关系。但姜某作为整个喷漆房改造工程的承包人，应对整个工程的施工及人员选任等负有审慎的安全管理义务，结合事故发生的原因力等，酌定姜某承担40%的赔偿责任。针对焦点三，首先，姜某认为事故发生系申某等四人擅自改变风机接口致风机松动，自身存在重大过错，但其提供的证据或系事后照片或系与其有利害关系的员工证言，均无法确凿还原事故发生前及事故发生时的现场状况，故法院对其相关抗辩意见不予采信。但作为完全民事行为能力人，在从事存在一定危险性质的风管安装工程时，申某自认其亦未采取相应的保护措施，故其对事故的发生亦存在过错，应由其自身承担相应的过错责任。其次，邓某与申某等四人间长期为“一人接活，大家合做”的模式，根据出工次数分配报酬，不存在管理与被管理的关系，邓某亦未在其间获得额外的收益，其四人间应认定为松散型的劳务合作关系，故申某要求邓某承担赔偿责任的诉请，法院不予支持。

经核算，申某的损失合计 321850. 7 元，由武义某公司承担 64370. 14 元；由姜某承担 128740. 28 元；剩余部分由申某自行承担。另，申某因本次事故受伤被评定为致残程度九级，给其造成了一定的精神损害，综合侵权人的过错和本地平均生活水平，法院酌定由武义某公司赔偿精神损害抚慰金 1200 元，由姜某赔偿精神损害抚慰金 2400 元。

浙江省金华市武义县人民法院依照《中华人民共和国民法典》第一千一百六十五条、第一千一百七十九条、第一千一百八十三条，《最高人民法院关于审理人身损害赔偿案件适用法律若干问题的解释》（法释〔2020〕17 号）第六条、第七条、第八条、第九条、第十条、第十一条、第十二条、第二十三条之规定，判决如下：

一、被告武义某公司于本判决生效后七日内赔偿原告申某医药费、交通费、住院伙食补助费、护理费、营养费、误工费、残疾赔偿金等各项损失合计 64370. 14 元，扣除其已支付的 40000 元，还应支付 24370. 14 元，并赔偿精神损害抚慰金 1200 元；

二、被告姜某于本判决生效后七日内赔偿原告申某医药费、交通费、住院伙食补助费、护理费、营养费、误工费、残疾赔偿金等各项损失合计 128740. 28 元，并赔偿精神损害抚慰金 2400 元；

三、驳回原告申某的其他诉讼请求。

宣判后，双方当事人均未上诉，一审判决已经生效。

【法官后语】

随着市场经济的深入发展和劳务市场的日益活跃，农村中外出打工的劳动者越来越多，这种临时性自发结合起来的施工队比比皆是。然而，当施工队中发生人身事故时，接受劳务方和提供劳务方都认为对方的过错更大，私下很难达成赔偿协议，该如何处理？此类纠纷的重点和难点都在于赔偿义务主体的确定及责任比例的划分。

司法实践中，发生事故后，各方当事人应承担的是过错责任。在无过错的情况下，考虑事故发生的实际情况，基于公平责任原则，对受害者的部分损失提供劳务者受害责任纠纷的责任划分原则是过错原则。

本案中，武义某公司作为发包方，喷漆房改造及风机安装系具有一定危险性质的作业，武义某公司在安全管理上存在一定的疏忽，对事故的发生存在一定的过错。姜某与申某等四人间应认定为承揽关系，姜某作为整个喷漆房改造工程的承包人，应对整个工程的施工及人员选任等负有审慎的安全管理义务。而邓某与申某等四人间为松散型的劳务合作关系，不存在管理与被管理的关系。

发包方一般是将工程发包给某个包工头，由其安排人员施工，很少去审查其资质，也很少干预施工过程，所以往往对发包方科以相对较轻的法律责任。接受劳务者在劳务关系中应当发挥组织、监督、指挥及风险防控等作用，为开展劳务活动提供必要的安全设施设备，加强对提供劳务者的安全教育培训，努力防范人身伤害事件的发生；但在实践中，很多接受劳务者缺乏必要的安全设备，也较少对提供劳务者进行系统全面的安全教育，这是造成伤亡事故的主要因素；因此，对接受劳务者科以相对较重的法律责任，符合社会利益的公平和平衡原则。提供劳务者一般都是成年人，应当意识到施工过程中存在的危险，应尽到相应的安全注意义务，但一些劳务者往往安全意识不强，疏忽大意或过于自信，不采取必要的保护措施而导致自身受伤，也应承担相应的责任。

编写人：浙江省金华市武义县人民法院　邵濡

16

提供劳务者因工作对他人实施侵权行为，仅以接受劳务者为唯一的侵权责任主体

——何甲诉罗甲、罗乙提供劳务者受害责任案

【案件基本信息】

1. 裁判书字号

福建省永安市人民法院（2023）闽0481民初2998号民事判决书

2. 案由：提供劳务者受害责任纠纷

3. 当事人

原告：何甲

被告：罗甲、罗乙

【基本案情】

2022年9月底，罗甲承包修建一条通往村道的水泥小路，为此，罗甲雇请何甲做水泥路面抹平工作，此外亦雇请罗乙驾驶农用车运送水泥砂浆。2022年9月27日近19时，罗甲承包的上述工程在进行收尾工作，此时天色渐晚，无灯照情况下视线模糊，视野不佳。罗甲指示罗乙将工程所剩下的水泥从下后溪运送至上后溪的施工现场，罗乙按照指示将水泥运至上后溪的施工工地，此时罗甲正在指示其他工人干活，距离罗乙十几米外，而何甲仍在进行水泥路面抹平工作。罗乙欲倒车将水泥卸到空地，罗乙询问何甲后方是否有人，何甲回复无人，罗乙便往后倒车，倒车几米后撞到了空地上停放的“爬山虎”田园搬运管理机，其便下车查看。何甲见状便停下手中的活，告知罗乙先别倒车，其将“爬山虎”开走。罗乙见何甲将“爬山虎”往前开出一段距离后，认为已有足

够的距离和空间倒车卸货，在未告知何甲的情况下便上车开始往后倒车。何甲驾驶“爬山虎”往前开碰到沙堆，便打算倒车将“爬山虎”拐向边上停靠，以让出空间给罗乙卸货。何甲驾驶“爬山虎”向后倒时，罗乙驾驶的农用车亦向后倒车，两车背靠背相撞，罗乙的农用车后斗直接撞上了何甲的后背，何甲被挤压在农用车与“爬山虎”中间，造成何甲双侧多发肋骨骨折（共计 12 根），构成九级伤残；其 T11 锥体骨折内固定手术治疗后，构成十级伤残。

2022 年 12 月 5 日，公安局交通警察大队就本案事故出具道路交通事故证明，认定：（1）鉴于双方当事人罗乙、何甲对事故发生的事实陈述各抒己见，且事故发生后未及时报警、保护现场以至于车辆被当事人移动过。（2）公安机关对“爬山虎”牌履带式田园搬运管理机送检，由司法鉴定所回函证明该“爬山虎”牌履带式田园搬运管理机为非《中华人民共和国道路交通安全法》之定义中的车辆。（3）公安机关交通管理部门经多方调查无法取得直接的证据证实，导致道路交通事故基本事实无法查清，成因无法判断。

【案件焦点】

罗乙在本案中是否应对何甲的损失承担赔偿责任。

【法院裁判要旨】

福建省永安市人民法院经审理认为：罗甲向案外人承包了道路水泥硬化工程，为此雇请了何甲与罗乙为其工作，其系何甲与罗乙的接受劳务者。此前罗甲曾雇请何甲到别处工作，培训并指示何甲驾驶过“爬山虎”牌田园搬运管理机。事发时，何甲虽是受雇罗甲从事水泥路面抹平工作，但其驾驶挪动“爬山虎”系为罗乙卸货腾出空间，其主观上系为罗甲的利益而从事工作，且其此前亦受罗甲指示驾驶过“爬山虎”，故其驾驶挪动“爬山虎”属于接受劳务者指示范围内的劳务活动，系职务行为。罗乙驾驶农用车将水泥从下后溪运送至上后溪施工现场，系受罗甲指示，虽罗甲辩称运送的水泥并非其所有，而归案外人何乙、何丙所有，但不影响罗乙运送水泥的行为系履行罗甲指示的职务行为。

行为人因过错侵害他人民事权益，应当承担侵权责任。对于损害后果的发生应从侵权因果关系上的原因力大小及过错的具体程度与情形等方面进行综合考虑判定。何甲为方便工友作业，驾驶“爬山虎”向前移动，在“爬山虎”撞上沙堆需向后倒车拐弯之时，未观察确认后方动态，径直向后倒车，其未谨慎作业，未尽到对自己的足够的安全注意义务，是造成本次事故的原因之一，其存在过错，可适当减轻赔偿义务人的赔偿责任。罗乙未确认何甲驾驶“爬山虎”是否停放完毕，也未主动询问何甲停放情况，仅凭自己估算的安全距离便贸然向后倒车，根据罗甲以及何丁的询问笔录称，罗乙在倒车撞到何甲之际，也未及时停车并下车查看，导致何甲最终因挤压受伤。罗乙在作业时明知何甲在作业现场驾驶“爬山虎”，未注意安全，未确定现场作业环境和情况，擅自盲目作业，是造成何甲受伤的直接原因。根据《中华人民共和国民法典》第一千一百九十二条第一款“个人之间形成劳务关系，提供劳务一方因劳务造成他人损害的，由接受劳务一方承担侵权责任。接受劳务一方承担侵权责任后，可以向有故意或者重大过失的提供劳务一方追偿。提供劳务一方因劳务受到损害的，根据双方各自的过错承担相应的责任”之规定，该条规定区分了受害人与侵权人的外部求偿关系，以及接受劳务者与提供劳务者的内部追偿关系，在外部求偿关系中，提供劳务者因工作对他人实施侵权行为，仅以接受劳务者为唯一的侵权责任主体，未将行为人作为侵权责任主体，即接受劳务者责任是单独责任。罗乙在为罗甲提供劳务过程中，致使何甲受伤，罗乙未注意安全，盲目作业是事故发生的主要原因，对此罗甲应当承担直接的主要的侵权责任。罗甲作为受害人何甲和直接侵权人罗乙的接受劳务者，对提供劳务者的管理责任更近且最重，应当重视现场施工安全，但其在天黑之时未架设照明设备，亦未安排人员指挥罗乙倒车，其对相关施工作业未尽现场管理、指挥、协调等职责，对何甲的受伤存在过失，应承担主要责任。法院结合查明案情，酌情确认何甲承担30%的责任，其余70%的赔偿责任由罗甲承担。何甲的损失合计482800.65元。罗甲承担其中70%的赔偿责任，即472800.65元×70%+精神损害抚慰金10000元=340960.46元，扣除已支付的20000元，罗甲还应赔偿何甲：340960.46元-20000元=320960.46元。

福建省永安市人民法院依照《中华人民共和国民法典》第一千一百六十五条、第一千一百七十三条、第一千一百七十九条、第一千一百八十三条、第一千一百九十二条，《最高人民法院关于审理人身损害赔偿案件适用法律若干问题的解释》第六条、第七条、第八条、第九条、第十条、第十一条、第十二条、第二十二条，《最高人民法院关于确定民事侵权精神损害赔偿责任若干问题的解释》第五条之规定，判决如下：

一、本案造成何甲的各项经济损失为：残疾赔偿金 226031.4 元、误工费 37914 元、护理费 16200 元、营养费 5400 元、住院伙食补助费 2040 元、交通费 340 元、精神损害抚慰金 10000 元、鉴定费 1800 元、医疗费 183075.25 元，以上各项经济损失合计 482800.65 元；

二、罗甲应承担上述第一项经济损失的 70% 即 340960.46 元，扣除已支付 20000 元，罗甲应于本判决生效后十日内赔偿何甲的经济损失合计 320960.46 元；

三、驳回何甲的其他诉讼请求。

宣判后，双方当事人均未上诉，一审判决已经生效。

【法官后语】

本案中，何甲向罗甲主张提供劳务者受害赔偿诉求，根据法律规定，罗甲基于何甲接受劳务者身份，在何甲选择起诉接受劳务者时，代替侵权人向何甲承担补偿责任，在对何甲进行补偿后，对侵权人罗乙享有追偿权，而在本案当中较为特殊的一点是，何甲与罗乙均为罗甲的提供劳务者，因此，存在提供劳务者致害责任与提供劳务者受害责任的竞合。罗甲基于何甲接受劳务者身份，应对何甲受损害一事承担过错责任，基于同时又是罗乙的接受劳务者身份，对何甲产生替代赔偿责任，替代罗乙向何甲承担赔偿责任。罗乙在为罗甲提供劳务过程中，致使何甲受伤，罗乙未注意安全，盲目作业是事故发生的主要原因，对此接受劳务者罗甲应当承担直接的、主要的侵权责任。

根据《中华人民共和国民法典》第一千一百九十二条第一款“个人之间形成劳务关系，提供劳务一方因劳务造成他人损害的，由接受劳务一方承担侵权责任。接受劳务一方承担侵权责任后，可以向有故意或者重大过失的提供劳务一方追偿。提供劳务一方因劳务受到损害的，根据双方各自的过错承担相应的责任”之规定，该条规定区分了受害人与侵权人的外部求偿关系，以及接受劳务者与提供劳务者的内部追偿关系，在外部求偿关系中，提供劳务者因工作对他人实施侵权行为，仅以接受劳务者为唯一的侵权责任主体，未将行为人作为侵权责任主体，即接受劳务者责任是单独责任。接受劳务者之所以要对非自己实施的侵权行为承担民事责任，是因为，第一，接受劳务者与提供劳务者之间具有特定的人身关系，即提供劳务者在提供劳务期间仅是接受劳务者的化身，其行为和意志完全受接受劳务者的支配与约束。在执行职务过程中，提供劳务者按照接受劳务者的意志所实施的行为，实际上等于接受劳务者自己所实施的行为。第二，接受劳务者与提供劳务者所致损害之间存在特定的关系，损害行为虽系提供劳务者直接造成，但接受劳务者对提供劳务者选任不当、疏于监督、疏于管理等作为或不作为的行为，是损害事实得以发生的一个重要原因。第三，接受劳务者与提供劳务者之间存在特定的利益关系。提供劳务者在提供劳务期间所实施的行为直接为接受劳务者创造经济利益以及其他物质利益，接受劳务者承受这种利益，理应对取得该利益行为的风险承担全部或一部分责任。

《中华人民共和国民法典》第一千一百九十二条第一款同时规定接受劳务一方承担侵权责任后，可以向有故意或者重大过失的提供劳务一方追偿。本案中，罗乙未注意安全，盲目作业是事故发生的主要原因，应当认定构成重大过失，罗甲在向何甲承担侵权责任之后，可向罗乙追偿。此时的追偿以部分追偿为原则，要考虑到对外侵害行为系因劳务引发，劳务的利益归属于接受劳务方，且提供劳务者行为受接受劳务方指示、控制等因素，不应对提供劳务方过于苛责。要综合考量提供劳务方侵权行为的具体形态、过错程度、接受劳务方的风险控制能力和监督管理情况，重视衡平理念的运用，由接受劳务方和提供劳务方合理分担损失。

编写人：福建省永安市人民法院　巫丹

17

提供劳务者在提供劳务过程中受到伤害时的责任承担

——成某诉某食品公司等提供劳务者受害责任案

【案件基本信息】

1. 裁判书字号

新疆维吾尔自治区石河子市人民法院（2023）兵 9001 民初 1569 号民事判决书

2. 案由：提供劳务者受害责任纠纷

3. 当事人

原告：成某

被告：某食品公司、某建设工程公司、刘某、李某

【基本案情】

2020 年 9 月 29 日，某食品公司（甲方）与某建设工程公司（乙方）签订《合同协议书》，约定，由某建设工程公司承包某食品公司新建的养猪专业合作联合社生猪产业链项目工程，工程地点为：××总场。资金来源：自筹。工作内容：养猪专业合作联合社生猪产业链建设项目工程厂区内设计图纸访问在内的所有内容。计划开工日期：2020 年 10 月 1 日。计划竣工日期：2021 年 8 月 1 日。签约暂定合同价为：人民币 1600 万元。养猪专业合作联合社生猪产业链建设项目工程厂区内设计图纸访问在内的所有内容……上述合同签订后，某建设工程公司又将上述涉案工程的劳务分包给了由某食品公司指定的李某，由李某挂靠在某建设工程公司名下，李某作为实际施工人员对上述工程进行施工，某建设工程公司收取工程款总额 3%的管理费。因工程施工进度没有按期完成，

施工质量不达标。为了尽快完成施工任务。2022 年 4 月 18 日，某建设工程公司（甲方）与某食品公司代表股东刘某（乙方）签订《协议书》一份，内容为：由甲方承建的工程需组织工程项目部具体履行合同约定的工程内容。经乙方申请，甲方审核同意由乙方负责本工程项目部管理机构的组建和实施建设工程——养猪专业合作联合社生猪产业链建设项目合同的全部内容，为明确甲、乙双方的责、权、利，双方就该工程的质量、安全、工期、技术、经济、法律等方面的责任，根据相关法律法规及甲方的规章制度达成如下合约条款，供甲、乙双方共同遵守。2021 年 7 月 3 日，李某以某建设工程公司养猪专业合作联合社生猪产业链建设项目部的名义与赵某签订《建筑工程施工劳务分包合同》，将涉案工程转包给了赵某。2022 年 4 月 21 日，赵某雇佣成某从事上述工程施工的电工工作。2022 年 4 月 24 日 16 时许，成某在建厂区内预先搭好的脚手架上进行安装电缆桥架时，脚手架突然倒塌，成某从脚手架上（约 1.8 米高）掉在地上而受伤。

【案件焦点】

成某在提供劳务过程中受伤，责任由谁来承担。

【法院裁判要旨】

新疆维吾尔自治区石河子市人民法院经审理认为：根据本案查明的事实，结合原、被告双方提供的证据可以证实，某食品公司将自己投资建设的养猪专业合作联合社生猪产业链项目工程承包给了某建设工程公司，某建设工程公司又将该涉案工程分包给了李某，因施工进度及工程质量的问题，李某解除了与某建设工程公司的分包合同，李某经某建设工程公司许可以某建设工程公司养猪专业合作联合社生猪产业链建设项目部的名义与赵某签订《建筑工程施工劳务分包合同》，后，赵某雇佣成某从事电工劳务工作，成某的劳务费由赵某直接发放，故赵某与成某之间形成劳务合同关系。赵某作为接受劳务者，在成某从事雇佣活动中未尽安全教育责任，也未提供有效、全面的安全保障条件，对成某受伤具有过错，应承担相应的民事赔偿责任即 60%的责任，成某作为具有完全民事行为能力人，具有一定程度的高空作业专业知识和操作技能，其在进行工程作业时，应当注重自身安全，其未尽应有的安全注意义务，应对其损害后果承担一定的责任即40%的责任。依照《中华人民共和国建筑法》第二十九条第三款“禁止总承包单位将工程分包给不具备相应资质条件的单位。禁止分包单位将其承包的工程再分包”。参照《房屋建筑和市政基础设施工程施工分包管理办法》第八条“分包工程承包人必须具有相应的资质，并在其资质等级许可的范围内承揽业务。严禁个人承揽分包工程业务”的规定。在李某解除与某建设工程公司的分包合同后，李某以某建设工程公司的名义将该涉案工程项目再分包给赵某，故根据上述法律规定，某建设工程公司作为涉案工程施工人将涉案工程分包给了李某，约定由被告某建设工程公司收取工程款总额3%的管理费，李某退出后，赵某实际在继续履行某建设工程公司与李某的分包施工任务，故某建设工程公司作为被挂靠人应当根据赵某的过错范围与赵某承担连带责任。某食品公司委派刘某与某建设工程公司签订的《协议书》，其目的在于监督实际施工人员尽快完成施工任务，并非分包了某建设工程公司承包的某食品公司的在建工程，故成某要求某食品公司、刘某在本案中承担责任的诉讼请求，法院不予支持。因李某中途退出施工工作，且成某因劳务受伤系在履行赵某的工作任务过程中发生的，故李某不应在本案中承担责任。因原告的后续治疗费尚未发生，故原告可在实际发生后另行主张为宜。

新疆维吾尔自治区石河子市人民法院依照《中华人民共和国民法典》第一千一百九十二条第一款，《中华人民共和国建筑法》第二十九条第三款，《中华人民共和国劳动合同法》第九十四条，《房屋建筑和市政基础设施工程施工分包管理办法》第五条第三款、第八条，《中华人民共和国民事诉讼法》第一百四十七条，《最高人民法院关于审理人身损害赔偿案件适用法律若干问题的解释》第一条、第六条、第七条、第八条第一款及第二款、第十条、第十一条、第十二条第一款、第二十三条，《最高人民法院关于确定民事侵权精神损害赔偿责任若干问题的解释》第一条、第五条之规定，作出如下判决：

一、被告赵某于本判决生效后十日内赔偿并给付原告成某各项损失

83831.92 元、精神损害抚慰金 3000 元，合计 86831.92 元；

二、被告某建筑工程公司就上述款项承担连带赔偿责任（此款及于诉讼费用）；

三、驳回原告成某要求被告某食品公司、被告刘某、被告李某在本案中承担责任的其他诉讼请求。

宣判后，双方当事人均未上诉，一审判决已经生效。

【法官后语】

本案是一起提供劳务者受害案件，尽管建设单位某食品公司将生猪产业链项目工程分包给施工单位某建设工程公司，某建设工程公司又将该涉案工程承包给了李某，为了赶进度，某建设工程公司又将涉案工程分包给了赵某，赵某在雇佣成某提供劳务过程中受伤，但从本案查明的事实来看，成某受伤，仅仅与赵某雇佣成某有关。

《中华人民共和国民法典》第一千一百九十二条第一款规定，个人之间形成劳务关系，提供劳务一方因劳务造成他人损害的，由接受劳务一方承担侵权责任。接受劳务一方承担侵权责任后，可以向有故意或者重大过失的提供劳务一方追偿。提供劳务一方因劳务受到损害的，根据双方各自的过错承担相应的责任。根据该款规定，提供劳务的一方因从事劳务受到损害的，接受劳务的一方与提供劳务的一方根据各自的过程程度承担相应的责任。该款规定的是过错责任原则，但关于过错程度的认定问题，在审判实践中，分为四种情况：第一种情况是提供劳务者故意行为造成自身损害的情况下，接受劳务者是否赔偿问题。第二种情况是提供劳务者存在重大过失的情况下造成自身损害的，接受劳务者是否赔偿问题。第三种情况是提供劳务者一般过失造成自身损害的情况下，接受劳务者如何赔偿的问题。第四种情况是提供劳务者在劳务过程中，意外受伤或者死亡的情况下，接受劳务者如何赔偿的问题。

笔者认为，关于第一个问题，如果提供劳务者在提供劳务过程中，故意造成自身损害的情况下，如提供劳务者在提供劳务过程中存在伤害自己的情形，这时接受劳务者没有任何过错，那么，接受劳务者就不应该赔偿提供劳务者因伤害自己造成的损失。

关于第二个问题，如果提供劳务者在提供劳务过程中，存在重大过失造成自身损害的情况下，接受劳务者应当根据自己的过错程度赔偿提供劳务者因受害造成的损失。重大过失是指在正常情况下提供劳务者在法律行为能力范围内能够预见而没有预见或已经预见，但轻信事故不会发生而未采取措施所造成的事故及损失为过失，重大过失是一般人都能预见，作为有相应工作能力的提供劳务者，却没有预见或预见到但轻信不会发生而造成事故或损失的一种主观心态。因此，当提供劳务者在执行劳务者工作任务中受到损害存在重大过失时，如提供劳务者明知高空作业时应佩戴安全帽，在他人提示的情况下，出于侥幸心理没有佩戴，结果造成提供劳务者从高空摔下受伤，提供劳务者的赔偿责任可以在过错责任比例不小于50%的范围内承担赔偿责任。

关于第三个问题，关于提供劳务者受害责任的一般过错责任问题。笔者认为，这种情况在审判实践中较为多见，即除提供劳务者存在故意或者重大过失的情况下，剩下的就是一般过失责任。对于一般过失情况下的责任比例划分问题，应当根据双方的过错程度，采取“过失相抵”原则来分配各自的过错责任承担。本案依据双方过错程度让接受劳务者的赵某承担60%的责任，不仅有较好的法律效果，还有较好的社会效果。

关于第四个问题，当提供劳务者在工作过程中意外死亡，如因自身疾病死亡等情况，在审判实践中，应当适用无过错责任原则进行处理，一般情况下由接受劳务者向提供劳务者的近亲属给予适当补偿为宜。

编写人：新疆维吾尔自治区石河子市人民法院　杜世成

18

复合型用工关系中提供劳务者受害责任纠纷赔偿义务主体法律责任的正确分配

——王某诉陈某等提供劳务者受害责任案

【案件基本信息】

1. 裁判书字号

山东省滨州市中级人民法院（2023）鲁16民终1232号民事判决书

2. 案由：提供劳务者受害责任纠纷

3. 当事人

原告（被上诉人）：王某

被告（上诉人）：陈某、宋某、甲建筑工程公司、乙建筑工程公司

【基本案情】

乙建筑工程公司承揽某公路建设PPP项目（Public-Private-Partnership，采用政府和社会资本合作模式的投融资项目）建设工程，其将临建工程的劳务分包给甲建筑工程公司并签订建设工程施工劳务分包合同（临建工程），分包模式为劳务分包，合同第十二条约定，分包人承诺，按照法律规定及合同约定组织完成分包工作，确保分包作业质量和安全，不进行转包及再分包，并按时足额地向分包作业人员发放工资。甲建筑工程公司将临建工程中的木工活分包给陈某，陈某雇佣王某等人在涉案工地从事木工工作。2022年5月6日10时左右，风力较大，未系安全带的王某在项目现场进行两米半地下水池修建施工，预制板传递过程中跌落至水池底部，导致受伤。事故发生后，王某被送至医院接受治疗。王某共计住院10天，住院费45978.51元由陈某垫付。后依照王某

的申请，对王某的伤情进行了鉴定。

【案件焦点】

1. 当事人之间法律关系的认定；2. 赔偿责任主体的认定。

【法院裁判要旨】

山东省无棣县人民法院经审理认为：甲建筑工程公司从乙建筑工程公司分包临建工程，其将木工工程分包给没有相应资质的陈某，甲建筑工程公司与陈某形成的是承揽关系。因工程建设需要，陈某雇佣王某提供劳务，陈某与王某形成的是个人之间的劳务关系。乙建筑工程公司将工程分包给甲建筑工程公司，不违反法律、行政法规的强制性规定，应属合法分包。双方签订的分包合同明确约定甲建筑工程公司不进行转包及再分包，但甲建筑工程公司违反合同约定，将木工工程分包给不具备相应资质的陈某，甲建筑工程公司作为定作人，对承揽人的选任存在过错，陈某和王某相对于甲建筑工程公司是一个整体，故甲建筑工程公司对王某的损失应当承担相应责任。宋某系甲建筑工程公司法定代表人，其在工地从事的行为属履行职务，相应责任应由甲建筑工程公司承担。陈某作为接受劳务一方，对王某的施工活动应当进行安全管理，但其不能举证证明尽到相关管理义务，故陈某对王某的损失应当承担部分过错责任。王某作为提供劳务一方，在施工过程中应当持高度谨慎注意义务，但其在天气恶劣风速较大的情形下未系安全带，对事故的发生亦存在过错，王某自己也应承担相应的过错责任。综合本案实际，王某的上述损失由甲建筑工程公司负担 30%，计 32644.65 元，陈某负担 50%，计 54407.75 元，王某自行负担 20%。

山东省无棣县人民法院依照《中华人民共和国民法典》第七百九十一条、第一千一百六十五条、第一千一百七十三条、第一千一百七十九条、第一千一百九十二条、第一千一百九十三条规定，判决如下：

一、被告陈某赔偿原告王某因事故产生的各项损失 54407.75 元（含已垫付的 45978.51 元）；

二、被告甲建筑工程公司赔偿王某因事故产生的各项损失 32644.65 元；

三、驳回原告王某对被告宋某、乙建筑工程公司的诉讼请求。

王某不服一审判决，提起上诉。

山东省滨州市中级人民法院同意一审法院裁判意见，判决：

驳回上诉，维持原判。

【法官后语】

本案主要涉及复合型用工关系提供劳务者受害责任纠纷赔偿义务主体法律责任如何正确分配的问题。

一、复合型用工模式的现实样态

随着经济水平的发展，用工形式更加灵活化、复杂化，复合型用工关系应运而生。复合型用工指的是劳务关系与其他形式的用工关系相互嵌套组合，而形成的一种新型用工方式。一般而言，复合型用工以劳务关系为基础性法律关系，常见形式为“劳务+承揽”“劳务+承揽+建设工程施工合同”“劳务+劳动关系”。此种用工模式虽然在一定程度上减轻了用工主体的成本，但同时也造成了用工主体对劳动者安全成本的压缩。在复合型用工模式下导致的侵权案件，由于各方法律关系错综复杂、利益相互冲突，导致此类纠纷数量大、分歧大。

二、复合型用工模式下各方法律关系的认定

（一）提供劳务者身份的判定

提供劳务者受害责任纠纷是特殊侵权类型，受害主体首先要证明的是自己作为提供劳务者的主体资格，即受害主体与用工主体之间是何种法律关系。特别是在双方未订立书面合同的情况下，就需要原告举证形成完整的证据链条，让裁判者内心确定。实践中，劳务者需提供相应的结算凭证、聊天记录、通话录音等证据，且证据之间相互印证，提供劳务者就可以此证实双方之间存在劳务关系。

（二）责任主体的认定

复合型用工关系中，用工主体往往并不单一，其中建设工程领域最为突出，多层转包、违法分包、劳务分包等关系杂糅而生，用工关系极为复杂，不利于厘定用工主体。另外，建筑工程领域的提供劳务者多为农民工，不但在信息领域与用工主体极为不对称，而且在知识水平和法律意识方面也处于劣势。复合型用工模式下产生的侵权纠纷，提供劳务者往往因未留存证据而在诉讼中处于不利地位。为便于查清事实，避免遗漏被告，原告往往将包括发包人在内的所有人员列为被告，其中不乏各方法律关系相互嵌套的情形。这就需要法官对相互嵌套的法律关系进行进一步厘定，例如本案中，承办法官认为接受劳务者陈某与提供劳务者王某相对于定作人来说是一个整体，从而将嵌套于承揽关系中的劳务关系予以分离，这种分离式判定方式有效应对了该类案件的冲突性，合理解释了各方之间的法律关系。

三、复合型用工模式侵权案件的审理思路

审理复合型用工模式下的侵权案件需要法官在办理此类案件时分两步走：一是正确认定各方法律关系及赔偿义务主体；二是正确判断赔偿义务主体法律责任比例分配。关于复合型用工模式下各方法律关系的认定问题已作陈述，下面主要谈及的是责任比例的分配问题。责任比例的审查应分主体分重点进行，一是提供劳务一方是否应尽到相应的注意义务，并遵守操作规范；二是定作人在定作、选任、指示上是否存在过失；三是接受劳务一方过错以消极不作为方式表现出来，相较于定作人的选任过失所承担的比例，接受劳务者作为直接享受所得利益的一方，承担的比例应更大。

复合型用工关系契合专业分工的时代特征，可以满足用工者降低用工承担和提升工作成果专业化水平的现实要求。但此种用工模式下，安全生产成本被压缩，增加了提供劳务一方的致害风险，接受劳务一方亦因利益与风险不匹配而将用工风险转嫁，从而导致了相关的侵权案件频发。[①] 承办法官在处理此类复合型用工模式下产生的侵权纠纷，需要综合判定各方当事人的错过、原因力的大小确定责任比例，并对双方提供的证据、原被告的陈述与抗辩予以合理、合法的认定，既维护了提供劳务一方的合法权益，又维护了建筑市场稳定。

编写人：山东省无棣县人民法院　秘杰云　高慧

① 任九岱：《复合型承揽关系定作人的侵权责任》，载《广东社会科学》2022年第3期。

19

环卫工人违反公司管理规定的焚烧行为是否属于职务行为的认定

——某商贸公司诉某环卫公司等财产损害赔偿案

【案件基本信息】

1. 裁判书字号

重庆市第三中级人民法院（2023）渝 03 民终 1055 号民事判决书

2. 案由：财产损害赔偿纠纷

3. 当事人

原告（被上诉人）：某商贸公司

被告（上诉人）：某环卫公司

被告（被上诉人）：陈某、某通信公司

【基本案情】

陈某系某环卫公司职工，负责工业园区路段垃圾清扫。2022 年 3 月 20 日早上，陈某着工作服清扫道路落叶并装进垃圾桶。因前晚风大、落叶太多，垃圾桶装不下，陈某便将垃圾桶的落叶倾倒在道路附近住宅后的菜地旁进行焚烧。早上七八点陈某点燃落叶离开后，焚烧落叶引燃周围堆放光缆，导致附近某商贸公司的部分房屋、设备因火灾受损，经某商贸公司在庭审中申请评估鉴定，核定其损失金额为 217874.60 元。2022 年 4 月 27 日，消防救援大队作出《火灾事故认定书》，对上述起火事实及原因进行了认定。某商贸公司向法院起诉，请求判令某环卫公司、陈某、某通信公司连带赔偿经济损失 217874.60 元及评估费用 20500 元。某环卫公司辩称，陈某焚烧落叶是为给自己菜地增肥，且违反公司内部管理规定，不属于职务行为，系个人行为。

另查明，焚烧落叶引燃的光缆系某通信公司堆放在租用仓库外面地面。陈某长期在前述菜地处或其他地方倾倒垃圾，有时会将落叶等垃圾进行焚烧。其他清洁工也存在将清扫垃圾进行焚烧的情况。

【案件焦点】

陈某焚烧其清扫的落叶系履行职务行为还是个人行为。

【法院裁判要旨】

重庆市丰都县人民法院经审理认为：判断工作人员的侵权行为是否属于执行工作任务的范围，除一般的认知原则，还应综合考虑其他特殊因素，如行为的内容、时间、地点、行为之名义、行为的受益人，以及是否与用人单位意志关联等因素。本案中，陈某在工作时间内，着清洁工工作服将清扫的落叶焚烧，其焚烧行为虽违反了环卫公司内部管理规范，但从行为外观及社会一般大众视角来看，仍属于“清扫处理垃圾”的职务范畴。某环卫公司辩称陈某焚烧落叶是为给自己菜地增肥，但从证据看，其他清洁工与陈某一样长期在事发地焚烧垃圾，即使陈某存在处理垃圾与获取肥料两种动机，但其行为本身与履行职务存在内在联系，该行为外观并不能使被侵权人产生“陈某系从事个人行为”的认识。某环卫公司还称，其对落叶清扫程序已制定管理规定，但其对严格按规定流程进行实际运作、落实管理规范的具体情况未尽举证责任，其本身亦存在管理责任与瑕疵。综上，陈某的焚烧行为系职务行为，对该行为引发火灾造成的损失，应由某环卫公司承担侵权赔偿责任。另，因本案中无证据显示光缆属于有特殊保管的危险品，也无证据证明通信公司的堆放行为存在违法违规、不妥的情形，故某通信公司不应承担赔偿责任。

重庆市丰都县人民法院依照《中华人民共和国民法典》第一千一百六十五条、第一千一百八十四条、第一千一百九十一条规定，判决如下：

一、某环卫公司在本判决生效后三十日内赔偿某商贸公司财产损失217874.60 元；

二、驳回某商贸公司的其余诉讼请求。

某环卫公司不服一审判决，提起上诉。

重庆市第三中级人民法院同意一审法院裁判意见，判决：

驳回上诉、维持原判。

【法官后语】

本案主要涉及环卫工人违反公司管理规定的焚烧行为是否属于职务行为的认定，这也是判断用人单位是否承担侵权替代责任的关键。

关于侵权行为是否为职务行为的认定，学界中主要存在两种观点：(1) 主观说，即以用工者或者被用工者的意思为标准；(2) 客观说，是以行为的外在表现为标准。《中华人民共和国民法典》第一千一百九十一条规定了用人单位需对工作人员因职务行为造成的损害承担责任，但对职务行为的具体判断标准没有进一步予以明确。因此，一直以来司法实践主要基于《最高人民法院关于审理人身损害赔偿案件适用法律若干问题的解释》关于“从事雇佣活动”的规定，对职务行为的认定标准多采取客观说，即依据被用工者行为外观与职务行为是否具有关联性进行判断。如何理解“关联性”，我们认为可从以下两个标准进行判断。

一、判断侵权行为的表现形式与职务行为是否具有一致性

此判断标准主要包括以下两个要素：(1) 时空上的一致性，即侵权行为发生的时间、地点是否在履行职务的时间、地点范围内。用工关系的本质是工作人员根据单位的规定在某时、某地工作执行工作任务，因此，一般发生在工作时间和场合的行为容易被认定为职务行为。但随着新兴行业的发展，许多行业的工作时间、地点具有不确定性，如外卖骑手、专车司机等行业，所以时空一致性标准不是认定职务行为的充分条件。(2) 外观上的一致性，即侵权行为与履行职务行为具有同一外观，且这种一致性应该以被害人及社会共同经验认知程度为标准进行判断，若侵权行为外观上足以使被害人相信行为人在履行职务，那么就应该认定属于职务行为。司法实践中，法官应结合当事人提供的证据对此予以审查认定。

二、判断侵权行为的内容与履行职务行为是否具有内在联系

此标准要判断侵权行为是否与职务行为具有通常合理的联系，主要包括以下两个要素：(1) 是否能被用人者预见。用工单位对工作人员能够控制监督，这是用人单位为工作人员侵权行为承担责任的来源，因此，只有侵权行为的内容对用工单位来说可预见、可监督、可控制，才能够被认为是与执行工作具有内在联系。(2) 是否为了用人者利益。根据替代责任的报偿理论，“谁享受利益谁承担风险”原则，工作人员的行为在客观上应是为了用工单位利益而为之，若仅仅是为了工作人员个人利益，不宜认定为职务行为，但该标准主观性较大，法院在认定时需结合其他因素综合判断。

本案中，陈某作为某环卫公司的清洁工，根据公司安排主要负责工业园区路段垃圾清扫，因落叶太多，垃圾桶装不下，陈某便将落叶进行焚烧，因焚烧行为引发火灾，进而造成他人财产受损的后果。对陈某的行为的认定按照前述标准进行判断。首先，从行为的表现形式看。陈某早上七八点在其清扫道路附近的菜地旁焚烧落叶，该行为与履行职务行为具有时空上的一致性，且其在焚烧落叶之时身着某环卫公司配发的清洁工工作服，被害人依据社会共同经验足以相信陈某是在履行垃圾清扫的职务行为，至于该焚烧行为是否被单位管理规定所禁行不影响对职务行为的认定，因为用人单位内部的规定并不为被害人所明知。其次，从行为的内容看。陈某的焚烧行为，虽然未经某环卫公司明确指示，但该行为的客观目的是“清扫处理垃圾”，其内容与清扫道路的工作内容具有非常紧密的关联性，且陈某及其他清洁工长期在事发地焚烧垃圾，某环卫公司对陈某在该地焚烧垃圾应当知晓，对焚烧行为将会引发火灾的风险能够预见，也有能力通过有效措施予以避免。某环卫公司称其对落叶清扫程序已制定管理规定，但是无证据证明该管理规定已实际运行的情况，也无证据证明某环卫公司已采取向清洁工人发放垃圾袋、安排渣车装运垃圾的情况，其本身亦存在监督管理瑕疵。另外，某环卫公司辩称陈某焚烧落叶不是为了公司利益而是为给其菜地增肥，从证据看，其他清洁工与陈某一样均在事发地焚烧垃圾，即使陈某存在处理垃圾与获取肥料两种动机，其行为仍在某环卫公司可预见、合

理偏离的范围之内。因此，综合考虑陈某焚烧行为的内容、时间、地点、行为之名义、行为的受益人，以及是否与用人单位意志关联等因素，能够认定其焚烧行为系履行职务的行为，对该行为引发火灾造成的损失，应由某环卫公司承担侵权赔偿责任。

编写人：重庆市丰都县人民法院 付春杰

20

提供家政服务的人员因执行工作任务造成的损害由雇佣单位承担赔偿责任

——王甲诉某家政公司家政服务合同案

【案件基本信息】

1. 裁判书字号

北京市朝阳区人民法院（2021）京0105民初65528号民事判决书

2. 案由：家政服务合同纠纷

3. 当事人

原告：王甲

被告：某家政公司

第三人：王乙

【基本案情】

2020年9月7日，王甲因糖尿病入院治疗。2020年9月8日，王甲与某家政公司、王乙签订《协议书》，乙方为王甲，丙方为王乙，约定某家政公司作为居间人，介绍王乙为王甲提供生活协助服务，收费标准为每天220元。服务内容为：基本的生活协助，为患者洗脸、洗手、洗脚、口腔清洁、擦身、梳头、打开水、打饭、协助就餐等。同日，三方签署《住院患者防跌倒、坠床安全告知书》。2020年9月9日17时00分至17时01分期间，王甲在病房前摔倒，后诊断为左侧股骨粗隆间骨折。2020年9月27日，王甲行左股骨粗隆间闭合复位内固定术。2021年3月22日，北京华夏物证鉴定中心出具《鉴定意见》，结论为王甲左股骨粗隆间骨折内固定术后构成十级伤残。

关于王甲摔倒的过程，王甲主张因病友去世，王乙去拿病友不要的东西，恰好赶上饭点，王甲找不到王乙，在出门打饭的时候在病房门口摔倒。监控记录显示，2020年9月9日17时，王甲手拿饭盒走出病房，王乙随后跟上，二人在病房门口短暂交谈后，王乙侧身从王甲与墙之间的缝隙向病房右侧走去，但未接过王甲手中的饭盒，王甲跟随其后，未站稳摔倒。某家政公司主张王甲和王乙待在新病房里，王乙跟王甲说想去卫生间，让王甲在房间里不要动，但王乙从病房里的卫生间出来之后发现王甲已经站在病房门口，说她要自己去打饭，王乙说她去就行，就走在了前面，王甲没走几步就摔倒了。

关于王乙与原告王甲、某家政公司之间的关系，王甲主张系劳务关系，某家政公司称系居间关系。

【案件焦点】

1. 侵权行为发生时间在《中华人民共和国民法典》施行前，损害后果确定时间为该法施行后，是否应适用该法的相关规定；2. 王甲与某家政公司及王乙之间的法律关系性质，如何确定赔偿责任主体及范围。

【法院裁判要旨】

北京市朝阳区人民法院经审理认为：某家政公司在医院有设驻点和工作人员，护工在医院内和其他护工身着统一工作服装，王甲直接将护理费交给某家政公司，护理费标准由某家政公司制定，某家政公司负责护工的工作安排、人员管理、费用结算，同时接受患者的投诉。某家政公司在王甲与王乙之间的权利义务并非仅限于介绍交易机会和协助交易，还包括对护工的管理安排、服务质量的监督、交易要素的安排等方面，故虽《协议书》中载明某家政公司作为居间方，但实际上为王甲与某家政公司之间订立的服务合同。

关于王甲陈述摔倒的原因，一方面，王甲因头晕待查入院，对自身情况应更为了解，其选择的护理服务系仅包括基本生活协助的“轻度级陪护”，事先亦未如实告知相关病史，应对自身行动负有较高的注意义务；另一方面，王甲称事发时找不到王乙，才决定自行前去打饭然后摔倒，但从监控视频来看，王甲走出病房门口的同时，王乙随即跟随其从病房走出，故相关主张缺乏事实依据。关于某家政公司陈述摔倒原因，一方面，从监控视频来看，王乙在病房门口和王甲交谈后，并未接过王甲的饭盒，而是留王甲在原地后自行走在前面，法院难以认定某家政公司该主张已充分举证；另一方面，王乙作为王甲的护工，在撞见王甲在病房门口后，应当将其搀扶回房间并安置好后再去打饭，不宜放任其单独行动，故某家政公司对王甲骨折亦存在一定过错。结合现有的证据及当事人陈述，考虑到患者与护工的过错程度，法院依法酌定某家政公司承担30%的责任，王甲自行承担70%的责任。

北京市朝阳区人民法院依照《中华人民共和国民法典》第一千一百六十五条、第一千一百七十九条，《最高人民法院关于适用〈中华人民共和国民法典〉时间效力的若干规定》第一条第一款，《中华人民共和国民事诉讼法》第六十七条第一款之规定，判决如下：

一、被告某家政公司于本判决生效后七日内赔偿原告王甲医疗费3780元、护理费1446元、交通费51元、伙食补助费570元、残疾赔偿金19564.32元、鉴定费690元；

二、驳回原告王甲的其他诉讼请求。

判决作出后，当事人均未上诉，现已生效。

【法官后语】

关于第一个问题法律适用涉及前后法衔接。侵权行为和损害后果可能存在时间上的间隔，即损害后果在侵权行为发生一段时间后才产生，此时就有可能出现行为和后果跨越法律效力期间的问题。《最高人民法院关于适用〈中华人民共和国民法典〉时间效力的若干规定》第二十四条规定，侵权行为发生在民法典施行前，但是损害后果出现在民法典施行后的民事纠纷案件，适用民法典的规定。此种法律适用的安排不会改变当事人的合理预期，行为人在实施侵权行为时知道自己的行为违法，应当承担法律责任，无论适用新法还是旧法，都不会影响行为人的合理预期，而且评价侵权责任时总是需要根据最终发生的损害后果来判断，在侵权行为和损害后果分离的情况下，如果损害后果发生在新法施行后，对当事人而言最直观的方法就是根据新的法律来判断。此种规定也不会改变法秩序，沿袭了原《最高人民法院关于适用〈中华人民共和国侵权责任法〉若干问题的通知》的做法。广义上的损害后果是指行为对受害人的民事权益造成的不利后果，包括现实损害和现实危险，前者通常表现为财产的减少、死亡、残疾等物质性人格利益的减损，名誉减损、精神痛苦等精神性人格利益的减损。具体到本案中，王甲摔倒的事发时间虽系2020年9月，但物证鉴定中心对王甲伤残等级鉴定出具时间为2021年3月22日，王甲在诉讼请求中主张的残疾赔偿金有赖于依靠鉴定结果加以判断，故可认定损害后果确定时间为民法典施行后，本案应适用《中华人民共和国民法典》的规定，这也体现了上述规定第二十四条规定精神。

关于第二个问题责任承担涉及接受劳务者责任的认定。《中华人民共和国民法典》第一千一百九十一条第一款规定，用人单位的工作人员因执行工作任务造成他人损害的，由用人单位承担侵权责任。用人单位承担侵权责任后，可以向有故意或者重大过失的工作人员追偿。上述条款规定的责任属于替代责任，也属于无过错责任，由非行为人对行为人的侵权行为承担责任，有利于减少或者避免用人单位侵权行为的发生，促进用人单位提高技术及管理水平，也有利于保护受害人的合法权益，使损害赔偿请求权更容易实现，及时得到救济。在判断工作人员的侵权行为是否属于执行工作任务范围时，除一般原则，还必须考虑特殊因素，如行为的内容、时间、地点、场合、行为的名义、行为的受益人，以及是否与用人单位意志有关等。具体到本案中，三方签署的《协议书》对权利义务进行了约定，其中甲方为医院三替陪护中心，即本案被告，服务地点为××6床，服务费由家政公司代收代管，在扣除中介费后全额结算给王乙。

在协议履行中，某家政公司受医院委托，随时检查王乙服务质量，如果王甲对服务不满意，应及时通知更换服务人员，护工在医院工作时身穿统一制服。因此，从工作地点、驻点名称、统一着装、费用交纳、费用标准、工作安排、人员管理等方面综合分析，某家政公司与王乙之间应系劳务关系，王乙在执行工作任务过程中产生的损害赔偿责任，最终由某家政公司承担。

编写人：北京市朝阳区人民法院　李增辉

21

个人与单位存在劳务关系时提供劳务者在提供劳务过程中受到损害的举证责任分配及法律适用

——张某诉某医学中心提供劳务者受害责任案

【案件基本信息】

1. 裁判书字号

北京市第一中级人民法院（2023）京01民终10409号民事判决书

2. 案由：提供劳务者受害责任纠纷

3. 当事人

原告（被上诉人）：张某

被告（上诉人）：某医学中心

【基本案情】

张某原系某医学中心员工，退休之后返聘至该单位工作，双方签有劳务协议书。张某称2021年8月某日早晨上班途中，从诊区电梯口出来时，因当天下雨电梯口斜坡处有积水，导致其摔伤并住院治疗。

就此，张某向某医学中心主张已发生的医疗费635.4元、后续医疗费

20000 元、住院伙食补助费 1500 元、营养费 9000 元、护理费 22526 元、残疾赔偿金 92425 元、交通费 1000 元、鉴定费 4050 元、复印费 105 元、精神损害抚慰金 20000 元及诉讼费由某医学中心承担。

某医学中心认为本案不应适用无过错责任，雨天滴水导致张某摔倒并非其单位原因，应由张某证明其单位存在过错，故其不同意张某上述诉讼请求。

【案件焦点】

某医学中心是否应当对张某受伤承担赔偿责任。

【法院裁判要旨】

北京市海淀区人民法院经审理认为：行为人因过错侵害他人民事权益造成损害的，应当承担侵权责任。张某与某医学中心存在劳务关系，其主张在某医学中心工作场所摔伤。综合上述事实及双方提交证据可以确认张某在某医学中心工作场所摔伤，某医学中心未保持地面清洁，导致张某摔伤，应承担一定赔偿责任。张某作为完全民事行为能力人，在其自述当日有雨的情况下，地面存在湿滑风险，未尽到注意义务，其对摔伤结果亦应承担一定责任。综上，法院确认双方对于此次事件各承担 50%的责任。对于某医学中心抗辩称已将保洁部分进行外包，张某不应向该单位主张赔偿，属于某医学中心与外包单位之间的法律关系，与本案张某向该单位主张的侵权事实不具有相关性，法院对此不予采信。

在核算责任比例之后，某医学中心应向张某赔偿的款项为：医疗费（鉴定检查费）317.7 元、残疾赔偿金 37810.35 元、护理费 9000 元、住院伙食补助费 750 元、营养费 4500 元、交通费 500 元、精神损害抚慰金 5000 元、复印费 52.5 元、鉴定费 2025 元。

北京市海淀区人民法院依照《中华人民共和国民法典》第一千一百六十五条、第一千一百七十九条，《最高人民法院关于适用〈中华人民共和国民法典〉时间效力的若干规定》第一条，判决如下：

一、某医学中心于本判决生效后七日内赔偿张某医疗费（鉴定检查费）

317.7元、残疾赔偿金37810.35元、护理费9000元、住院伙食补助费750元、营养费4500元、交通费500元、精神损害抚慰金5000元、复印费52.5元；

二、驳回张某的其他诉讼请求。

鉴定费4050元（张某已预交），由张某负担2025元（已交纳），由某医学中心负担2025元，于本判决生效后7日内交纳。

某医学中心不服一审判决，提出上诉。

北京市第一中级人民法院经审理认为：依据事故发生的时间、地点以及张某提交的照片、某医学中心相关医生签字的《受伤经过》等证据，能够形成证据链，足以证明张某系在提供劳务过程中在某医学中心工作场所因地面湿滑而摔倒受伤。某医学中心未能提交现场监控视频等证据作为反证，其仅以该《受伤经过》中签字人员未出庭为由不认可所载内容，依据并不充分。因某医学中心未能保证工作场所的安全，导致张某在提供劳务过程中受伤，一审法院依据双方过错，判决某医学中心对张某的损失承担50%的赔偿责任是适当的，本院予以维持。

北京市第一中级人民法院依照《中华人民共和国民事诉讼法》第一百七十七条第一款第一项之规定，作出如下判决：

驳回上诉，维持原判。

【法官后语】

提供劳务者受害责任是指在个人之间存在劳务关系的前提下，提供劳务的一方因劳务活动自身受到伤害的，在提供劳务一方向接受劳务一方主张损害赔偿时，由双方根据各自的过错程度承担相应的民事责任。

《中华人民共和国民法典》第一千一百九十二条第一款规定，个人之间形成劳务关系，提供劳务一方因劳务造成他人损害的，由接受劳务一方承担侵权责任。接受劳务一方承担侵权责任后，可以向有故意或者重大过失的提供劳务一方追偿。提供劳务一方因劳务受到损害的，根据双方各自的过错承担相应的责任。

关于个人之间因提供劳务造成他人损害和自己损害的责任，《中华人民共和国民法典》实际上规定了不同的举证责任，对于提供劳务者因劳务造成他人损害的，由接受劳务者承担无过错责任；而提供劳务者因劳务造成自身受到损害的，则在提供劳务者与接受劳务者之间按照过错责任原则处理。

同时《中华人民共和国民法典》第一千一百九十一条规定，用人单位的工作人员因执行工作任务造成他人损害的，由用人单位承担侵权责任。用人单位承担侵权责任后，可以向有故意或者重大过失的工作人员追偿。劳务派遣期间，被派遣的工作人员因执行工作任务造成他人损害的，由接受劳务派遣的用工单位承担侵权责任；劳务派遣单位有过错的，承担相应的责任。

该条文适用的前提是双方之间存在劳动关系，在此基础上，《中华人民共和国民法典》则规定工作人员因执行工作任务造成他人损害的用人单位、劳务用工单位适用无过错责任，劳务派遣单位适用过错责任原则。就工作人员因执行工作任务而导致自己受到伤害的处理，《中华人民共和国民法典》没有相应规定，实践中当事人通常申请工伤保险予以赔偿。

就本案而言，案由虽定为提供劳务者受害责任纠纷，但实际上本案调整的并非个人之间的劳务关系，而是在个人与单位之间存在劳务关系的前提下，如何认定双方的过错程度来承担相应的民事责任。因此本案不适宜直接适用《中华人民共和国民法典》第一千一百九十一条或第一千一百九十二条规定。

首先，本案系提供劳务者在提供劳务过程中受伤，因此不适宜参考提供劳务者或工作人员致他人受伤的相关规定及举证责任分配。其次，双方为劳务关系并非劳动关系，亦不存在工伤保险。在劳务关系中，双方不存在隶属关系，相对来说提供劳务者有更大的自主权，且实践中，提供劳务者受到损害情况比较复杂，应当具体问题具体分析，根据双方的过错来处理。因此，本案最终选择适用的是过错责任原则，根据各自的过错承担责任。

根据双方提供的证据可知，张某提供的证据足以证明张某系在提供劳务过程中在某医学中心工作场所因地面湿滑而摔倒受伤。某医学中心对张某提交的《受伤经过》提出异议，但经查，该材料是在事发后不久而非诉讼过程中形成，某医学中心亦认可其中签字的人员均系其医院的工作人员，现某医学中心未能提交现场监控视频等证据作为反证，其仅以该《受伤经过》中签字人员未出庭为由不认可所载内容，依据并不充分。故法院认定因某医学中心未能保证工作场所的安全，导致张某在提供劳务过程中受伤，并判定双方各承担50%责任。

编写人：北京市海淀区人民法院 吴思 聂冉

22

当事人因自身操作不当导致受伤应承担过错责任

——徐某诉某食品公司提供劳务者受害责任案

【案件基本信息】

1. 裁判书字号

湖北省孝感市中级人民法院（2024）鄂09民终668号民事判决书

2. 案由：提供劳务者受害责任纠纷

3. 当事人

原告（上诉人）：徐某

被告（被上诉人）：某食品公司

【基本案情】

徐某自2021年3月开始在某食品公司工作，操作即食食品包装机械，工资以3500元/月核算为日工资标准后、按实际工作天数结算。2021年6月14日，徐某在当天工作收尾清扫上部料斗时，未关闭下部自动上升送料的料斗开关，被下部升起的空料斗压伤左手。经甲医院诊断，徐某的左拇指、环指开放性指骨骨折，左第2、第3掌骨开放性骨折，左手皮肤缺损，左手指伸肌腱断裂，左手指神经损伤。徐某受伤后多次住院治疗，累计住院123天。徐某治疗期间，某食品公司为徐某垫付医药费用116000元。2022年7月3日，徐某申请甲司法鉴定所进行伤情鉴定，甲司法鉴定所根据徐某的要求按照工伤劳动能力鉴定标准，评定徐某的残疾程度为八级，后续治疗费2000元，误工期为伤后240日，护理期为伤后130日，营养期为伤后130日。双方当事人对赔偿事宜协商未果，徐某遂向法院提起诉讼。该案审理期间，某食品公司申请重新鉴定，但在规定的时间内未交纳鉴定费用，鉴定程序被终止。一审判决驳回徐某的诉讼请求，徐某不服提出上诉。二审期间，徐某再次委托甲司法鉴定所对其伤情等进行了鉴定。2023年3月20日，甲司法鉴定所按照有关人身损害鉴定标准，评定徐某的伤残程度为九级，建议给予后期医疗费2000元或以实际发生为准，误工期为伤后240日，护理期为伤后130日，营养期为伤后130日。二审以提交新证据，发回重审。重审期间，徐某相应减少部分诉讼请求，要求判令某食品公司赔偿徐某各项损失共计265220元。某食品公司认为徐某诉求过高，徐某自身操作不当，应由自己承担主要责任。

【案件焦点】

徐某因自身操作不当是否应为自身的损伤承担主要过错责任。

【法院裁判要旨】

湖北省汉川市人民法院经审理认为：公民的生命健康权依法应予保护。本案徐某提起提供劳务者受害责任纠纷案，应当就所受到的伤害提交人身损害司法鉴定意见，以此证明所受到的伤害程度。现徐某所提交的司法鉴定意见是对劳动能力的鉴定意见，根据《最高人民法院关于审理人身损害赔偿案件适用法律若干问题的解释》第三条规定，只有具有劳动关系的劳动者可依据《工伤保险条例》的规定对劳动能力进行鉴定后，请求用人单位承担民事赔偿责任。本案徐某与某食品公司之间并未建立劳动关系，所提交的司法鉴定意见不能作为本案的损害赔偿依据。徐某的请求缺乏依据，不予支持。

湖北省汉川市人民法院依据《中华人民共和国民事诉讼法》第六十七条、第一百四十五条，判决如下：

驳回徐某的诉讼请求。

徐某不服一审判决，提起上诉。

湖北省孝感市中级人民法院认为徐某二审中提交了新的司法鉴定意见，属于新证据，为充分保障双方当事人的诉讼权利，裁定：

撤销原判，发回重审。

湖北省汉川市人民法院经审理认为：徐某与某食品公司之间为劳务关系。提供劳务一方因劳务受到损害的，依法应当根据劳务关系双方各自的过错承担相应责任。本案中，徐某未关闭下方运行的机械开关即清扫机械，操作不当；且下方料斗上升至顶部亦需一定时间，通常情况下足够操作者发现并避开，徐某因疏忽大意未及时避开。徐某的过错是致其人身损害的直接和主要原因，其应当对造成的损害后果承担主要责任。本案案涉机械虽非复杂、精细的机械设备，但在徐某上岗前以及工作期间，某食品公司未给予徐某充分工作培训和安全警示，未尽到足够的安全生产保障义务，对安全生产事故的发生存在间接影响，某食品公司亦存在过错，应当对本案损害后果承担次要责任。徐某经济损失合计351990元（包括医疗费用），根据双方过错程度，确定由某食品公司赔偿其中40%即140796元（351990元×40%），从中扣减某食品公司已赔付的116000元，某食品公司还应当赔偿徐某经济损失24796元。

湖北省汉川市人民法院依据《中华人民共和国民法典》第一千一百六十五条、第一千一百七十三条、第一千一百七十九条、第一千一百九十二条第一款，判决如下：

一、某食品公司赔偿徐某经济损失140796元，已付116000元，下余经济损失24796元由某食品公司于本判决生效之日起五日内付清；

二、驳回徐某的其他诉讼请求。

徐某不服一审判决，提起上诉。

湖北省孝感市中级人民法院同意一审法院裁判意见，判决：

驳回上诉，维持原判。

【法官后语】

本案审理需解决两个层面问题：一是劳动关系与劳务关系的认定及法律适

用；二是劳务关系损害赔偿过错责任的认定。

关于劳动关系与劳务关系的认定及法律适用。劳动关系与劳务关系虽仅有一字之差，但两者的主体资格不同、权利义务不同，依据的法律也不同。劳动关系一般系劳动者与用人单位签订书面劳动合同，劳动者要服从用人单位管理，用人单位需向劳动者提供劳动场所、支付劳动报酬，在人身上具有隶属关系。而劳务关系中，劳务者与用工单位可以口头或者书面的方式约定报酬，二者系平等关系，而非隶属关系，工作风险一般由提供劳务者自行承担。对劳动关系适用劳动法等相关规定。对劳务关系一般适用《中华人民共和国民法典》的相关规定。司法实践中，对非个人之间劳务关系的认定相对复杂，且对非个人之间劳务关系中提供劳务者受害纠纷案件时，目前法律适用存在缺位，实践中审理思路按劳务关系的定性，多参照个人之间的劳务关系处理，即适用《中华人民共和国民法典》第一千一百九十二条的规定，适用过错责任原则。本案中，徐某与某食品公司成立劳动关系还是劳务关系是本案处理的关键。徐某与某食品公司未签订任何书面合同，根据双方约定，徐某在某食品公司处操作即食食品包装机械，报酬按照实际工作天数结算，双方不存在隶属关系，徐某与某食品公司之间构成劳务关系，且双方对此均未提出异议，故徐某与某食品公司成立非个人之间劳务关系，且对徐某在提供劳务过程中造成的人身损害适用《中华人民共和国民法典》第一千一百九十二条规定的过错责任原则。

关于劳务损害赔偿过错责任的认定。如前所述，对提供劳务过程中造成人身损害的，适用过错责任原则。侵权行为与损害结果之间的因果关系是确定责任的重要要件。本案中，对徐某提供劳务过程中造成自身损害行为，与徐某的劳务行为是否有因果关系，徐某应如何承担责任是本案双方争议的焦点。经庭审及现场调查、演示，徐某操作即食食品包装机械时，在工作收尾阶段清扫上部料斗，未关闭下部自动上升送料的料斗开关，被下部升起的空料斗压伤左手导致受伤。案涉即食食品包装机械并不复杂，若徐某严格按照操作规范操作机械便不会导致本次受伤。根据《中华人民共和国民法典》第一千一百七十三条，被侵权人对同一损害的发生或者扩大有过错的，可以减轻侵权人的责任。根据第一千一百九十二条第一款……提供劳务一方因劳务受到损害的，根据双方各自的过错承担相应的责任。徐某因未按照操作规范操作机械受伤，应承担主要责任；某食品公司作为用工单位提供工作器械并让徐某操作，其应当为徐某进行必要业务技能培训而未对徐某进行培训，故应当对徐某受伤承担次要责任。

编写人：湖北省汉川市人民法院　张玉雪

四、接受劳务者与其他被告、第三人之间的责任划分

23

提供劳务者可一并诉请接受劳务者和侵权人承担过错赔偿责任

——张某甲与黄某甲等提供劳务者受害责任案

【案件基本信息】

1. 裁判书字号

广西壮族自治区天等县人民法院（2023）桂1425民初420号民事判决书

2. 案由：提供劳务者受害责任纠纷

3. 当事人

原告：张某甲

被告：黄某甲、赵某、赵某甲

【基本案情】

2022年6月，黄某甲承包种植的500多亩玉米株需收割。得知赵某有收割机且常年承揽农作物收割工作，经双方协商，黄某甲以每吨70元价格将收割全株玉米工作交由赵某用收割机收割。赵某则聘请赵某甲驾驶收割机进行收割作业，以每吨15元计付赵某甲工资。因倒伏的玉米株较多，收割机无法收割倒伏

的玉米株。为加快收割效率，2022 年 6 月 20 日起，黄某甲以每天 100 元工资雇佣张某甲、何某甲等人捡拾倒伏的玉米株集中成堆，再将玉米株投放到收割机进行捣碎。2022 年 6 月 21 日 18 时许，赵某甲驾驶操作收割机时刮碰到张某甲致张某甲严重受伤。张某甲即被送到甲医院简单处理后，因伤势严重当晚即被转送乙医院抢救治疗，住院 20 天后于 2022 年 7 月 12 日出院，共支出医疗费 59802.05 元。出院诊断为：（1）左小腿毁损伤；（2）右小腿软组织挫裂伤；（3）右腓骨近端骨折；（4）贫血；（5）低蛋白血症。出院医嘱：（1）出院后注意休息，加强营养，建议全休 1 个月；（2）逐渐恢复患肢康复功能锻炼；（3）出院后 1、3、6、12 个月至我院创伤显微手外科门诊复诊；（4）如有不适，及时复诊。2022 年 7 月 26 日，张某甲到乙医院复诊支出医疗费 8000 元，同年 8 月 14 日张某甲到乙医院复诊支出医疗费 18000 元。2022 年 11 月 29 日张某甲委托 A 司法鉴定所对其伤残程度（含伤病关系）进行鉴定，同年 12 月 23 日 A 司法鉴定所出具《司法鉴定意见书》，认定张某甲本次事故造成左下肢毁损伤导致左大腿下段以远（膝关节）肢体缺失评定为六级伤残，张某甲因此支出鉴定费 1700 元。2023 年 3 月 1 日，张某甲应医嘱要求到某假肢矫形器公司安装假肢支出 56800 元，并在该公司进行康复训练 30 天，张某甲及陪护人员为此支出床铺费 9600 元。

另查，2022 年 6 月 21 日事发当晚黄某甲垫付张某甲医疗费 4191.24 元。黄某甲于 2022 年 6 月 21 日、6 月 25 日、7 月 9 日、8 月 13 日支付张某甲医疗费 30000 元、30000 元、20000 元、20000 元，共计 104191.24 元。赵某、赵某甲均没有收割机驾驶证。

【案件焦点】

1. 如何认定当事人之间的法律关系；2. 当事人的过错责任如何划分。

【法院裁判要旨】

广西壮族自治区天等县人民法院经审理认为：黄某甲雇请张某甲捡拾倒伏的玉米株，以每天 100 元计算报酬，符合个人之间的劳务关系，黄某甲与张某甲之间存在劳务关系。赵某按照黄某甲的要求，自带设备、技术和劳力完成黄某甲要求的工作并交付工作成果，符合承揽合同法律关系中的典型特征，黄某甲与赵某之间是承揽关系。赵某承揽收割玉米株后，雇佣赵某甲驾驶收割机收割玉米，以每吨15元价款支付赵某甲工资，赵某提供收割机、赵某甲提供劳力及技术，从工作时间、工作内容、工作要求、报酬结算方式等方面来看，符合个人间的劳务关系特征，赵某与赵某甲系提供劳务与接受劳务的劳务关系。

张某甲在为黄某甲提供劳务中受到为赵某提供劳务的赵某甲直接侵害，赔偿权利人、给付对象、给付内容一致，是一种不真正连带之债。为减少当事人诉累、节省诉讼资源，本着一次性解决纠纷的原则，结合当事人的过错程度来划分责任大小并对黄某甲垫付的医疗费一并处理。张某甲在提供劳务过程中，未尽到必要的安全注意义务，其自身对损害后果的发生存在一定的过错，应承担15%的过错责任。黄某甲未对张某甲进行必要的劳务作业技能和安全防范培训，没有尽到规范管理及安全保障义务；同时，黄某甲作为定作人，对承揽人是否持有收割机驾驶证未进行审查，在赵某、赵某甲没有收割机驾驶证的情况下仍将收割玉米株交由赵某、赵某甲完成，存在选任过错，应承担20%的赔偿责任。提供劳务一方因劳务造成他人损害的，由接受劳务一方承担侵权责任之规定。赵某甲受雇为赵某提供劳务，赵某作为接受劳务者依法应承担提供劳务者赵某甲劳务过程中对他人的侵权责任。在黄某甲、张某甲承担各自责任后，剩余的65%赔偿责任本应由赵某承担后再向赵某甲行使追偿。赵某甲明知自己没有收割机驾驶证，仍受雇驾驶收割机，主观上存在明显过错，且在驾驶操作收割机过程中未尽到注意安全的审慎义务，操作不当刮碰张某甲致其身体受到严重损害，其行为存在重大过失，应在赵某承担的65%侵权责任范围内承担60%的赔偿责任。赵某明知赵某甲没有收割机驾驶证，仍雇请赵某甲驾驶收割机从事收割工作，且没有到场进行监督管理，存在选任、管理上的过错，在张某甲65%的侵权责任范围内承担40%的赔偿责任。

广西壮族自治区天等县人民法院依照《中华人民共和国民法典》第一千一百六十五条、第一千一百六十六条、第一千一百七十三条、第一千一百七十五条、第一千一百七十九条、第一千一百八十三条、第一千一百九十二条、第一千一百九十三条，《最高人民法院关于审理人身损害赔偿案件适用法律若干问题的解释》（法释〔2020〕17号）第六条、第七条、第九条、第十条、第十二条，《中华人民共和国民事诉讼法》第六十七条第一款，《最高人民法院关于适用〈中华人民共和国民事诉讼法〉的解释》第九十条规定，判决如下：

一、赵某于本判决生效之日起十日内赔偿张某甲经济损失96729.06元；

二、赵某甲于本判决生效之日起十日内赔偿张某甲经济损失170345.48元；

三、赵某于本判决生效之日起十日内支付黄某甲垫付的赔偿款16834.59元；

四、驳回张某甲的其他诉讼请求。

宣判后，双方当事人均未上诉，一审判决已经生效。

【法官后语】

本案当事人身份重叠、存在多重法律关系：一是提供劳务者张某甲与侵权人赵某、赵某甲之间的侵权赔偿关系；二是提供劳务者张某甲与接受劳务者黄某甲之间、提供劳务者赵某甲与接受劳务者赵某之间的劳务关系；三是接受劳务者黄某甲、赵某与直接侵权人赵某甲之间的债的追偿法律关系；四是定作人黄某甲与承揽人赵某之间的承揽关系。《中华人民共和国民法典》第一千一百六十五条规定，行为人因过错侵害他人民事权益造成损害的，应当承担侵权责任。依照法律规定推定行为人有过错，其不能证明自己没有过错的，应当承担侵权责任。张某甲在为黄某甲提供劳务时遭受正在为赵某提供劳务的赵某甲致害受伤，张某甲与赵某、赵某甲存在侵权法律关系，赵某、赵某甲应承担侵权赔偿责任。劳务关系是指提供劳务一方为接受劳务一方提供劳务服务，由接受劳务一方按照约定支付报酬而建立的一种民事权利义务关系。黄某甲以每天100元工钱雇请张某甲捡拾倒伏玉米株，双方形成个人之间的劳务关系。赵某承揽黄某甲玉米株收割工作后，以每吨15元薪酬聘请赵某甲驾驶收割机进行收割，赵某提供收割机、赵某甲提供劳力及技术，从工作时间、工作内容、工作要求、报酬结算方式等方面来看，符合劳务关系的特征，故赵某甲与赵某系提供劳务与接受劳务关系。承揽合同是承揽人按照定作人的要求完成工作，交付工作成果，定作人支付报酬的合同。黄某甲以每吨70元价格将其500多亩玉米株交由赵某收割，赵某自带设备、技术和劳力进行收割后交付工作成果，双方之间符合承揽合同典型特征，黄某甲与赵某之间系承揽关系。

《中华人民共和国民法典》第一千一百九十二条规定，个人之间形成劳务关系，提供劳务一方因劳务造成他人损害的，由接受劳务一方承担侵权责任。接受劳务一方承担侵权责任后，可以向有故意或者重大过失的提供劳务一方追偿。提供劳务一方因劳务受到损害的，根据双方各自的过错承担相应的责任。提供劳务期间，因第三人的行为造成提供劳务一方损害的，提供劳务一方有权请求第三人承担侵权责任，也有权请求接受劳务一方给予补偿。接受劳务一方补偿后，可以向第三人追偿。可见，该条立法精神赋予遭受第三人侵权的提供劳务者选择请求，其既可以请求实施侵权行为的第三人承担侵权责任，也可以请求接受劳务者承担赔偿责任，接受劳务者承担侵权责任后，可以向第三人追偿。可见致害第三人与接受劳务者的关系为不真正连带责任。鉴于张某甲同时起诉赵某甲、赵某和黄某甲要求承担赔偿责任，黄某甲庭审中要求一并处理其垫付的医疗费。本着一次性解决纠纷的司法理念，可依法划分各方的过错责任。张某甲在提供劳务期间受伤系黄某甲、赵某、赵某甲三方造成的，属多因一果。受害者张某甲为尽快得到赔偿将接受劳务者黄某甲、直接侵权人赵某甲、赵某一并起诉要求承担相应的过错赔偿责任，合法合理。张某甲基于其与黄某甲存在劳务关系而依据上述规定向黄某甲主张权利，于法有据。同时，根据《中华人民共和国民法典》第一千一百七十五条规定，损害是因第三人造成的，第三人应当承担侵权责任。赵某甲系直接侵权责任人，故张某甲起诉要求直接侵权责任人赵某甲承担侵权责任，符合法律规定。提供劳务者赵某甲因劳务造成张某甲损害，由接受劳务者赵某承担侵权责任，此种责任为无过错责任，替代责任，只要提供劳务者因劳务造成他人损害的行为构成侵权，接受劳务者就应承担侵权责任，而不问接受劳务者是否存在过错，赵某甲是在为接受劳务者赵某劳务过程中致张某甲受伤。据此，张某甲既可以请求实施侵权行为的赵某甲承担赔偿责任，也可以请求接受劳务者黄某甲和赵某承担赔偿责任，接受劳务者承担责任后，可以向直接侵权人赵某甲追偿，张某甲也可依法请求接受赵某甲劳务的赵某予以补偿。

因本案存在几个不同的法律关系，张某甲与黄某甲的劳务关系、赵某甲与赵某的劳务关系，张某甲与赵某、赵某甲的直接侵权关系，黄某甲与赵某的承揽关系。如果按照一个法律关系一个案件单独审理，作为受害者张某甲只能选择直接侵权人或者接受劳务者主张权利，后再由直接侵权人或接受劳务者行使追偿，经过多轮诉讼才能最终确定各责任主体赔偿份额。此外，黄某甲在本案中亦要求受害者张某甲退还超出其赔偿责任范围已垫付的医疗费，在多种法律关系、当事人诉求交织的情况下，如果当事人之间的纠纷不能在本案中得以全面彻底解决，按“一案一法律关系”审理，便会发生一案生多案衍生后续多个诉讼案件，既增加当事人的诉累，更是浪费了紧缺的审判资源。主办法官厘清当事人的各种法律关系，在查明案件事实的基础上，结合各方的过错责任，依法确定当事人的赔偿责任，将本应几个诉讼案件才能解决的纠纷在一个诉讼程序中予以一次性解决，避免衍生不必要的诉讼案件，实质性化解了纠纷，符合“尽可能一次性解决纠纷”司法理念，实现案结事了的法律效果与社会效果的有效统一。案件宣判后，各方当事人均没有上诉，真正实现了“让人民群众在每一个司法案件中感受到公平正义”的目标，增强了人民群众的司法获得感。

编写人：广西壮族自治区天等县人民法院　农绍成

24

接受劳务者与第三人侵权责任竞合的司法认定

——陈某甲诉陈某乙、熊某侵权责任案

【案件基本信息】

1. 裁判书字号

重庆市第一中级人民法院（2023）渝01民终5477号民事判决书

2. 案由：侵权责任纠纷

3. 当事人

原告（被上诉人）：陈某甲

被告（上诉人）：陈某乙、熊某

【基本案情】

2021年1月，陈某乙开始修建其承包的某农地至公路的连接道路，并联系熊某的挖掘机在现场施工，双方约定按小时结算，费用包括挖掘机租金及驾驶员费用，双方至今未办理结算。熊某（具有挖掘机操作证）表示挖掘机由其操作，有时其也会让其他驾驶员来操作，其他驾驶员的报酬由其支付。2021年5月17日早上，陈某甲与张某某一起坐陈某乙的汽车，到前述工地修公路堡坎，17时左右，熊某驾驶挖掘机运送石片，挖掘机掉头转臂时，铲斗将正在抹水泥灰的陈某甲从堡坎上撞到沟里受伤。事发时陈某甲未佩戴安全帽，现场未采取安全措施。陈某甲在甲医院住院治疗134天，共计产生医疗费254308.31元。事发后，熊某垫付73098.42元，陈某乙垫付209795元。

【案件焦点】

因第三人行为造成提供劳务者受害，如提供劳务者同时起诉第三人和接受劳务者，在诉讼程序和责任承担方面如何处理。

【法院裁判要旨】

重庆市渝北区人民法院经审理认为：陈某乙与陈某甲系劳务关系，陈某乙未向陈某甲提供必要的安全措施，应当承担一定责任。陈某乙与熊某系承揽关系，熊某在操作挖掘机时疏忽大意，未观察到陈某甲，致使挖掘机铲斗将陈某甲撞伤，是事故发生的主要原因，也应当承担相应责任。综合本案实际情况，应由熊某承担65%的责任、陈某乙承担35%的责任。

重庆市渝北区人民法院依照《中华人民共和国民法典》第一千一百九十二条、第一千一百九十三条，《最高人民法院关于审理人身损害赔偿案件适用法律若干问题的解释》（2020修正）第六条、第七条、第八条、第九条、第十条、第十一条、第十二条和《中华人民共和国民事诉讼法》第六十七条之规定，判决如下：

一、熊某于本判决生效之日起十日内向陈某甲赔偿353436.4元；

二、陈某乙于本判决生效之日起十日内向陈某甲赔偿19877.6元；

三、驳回陈某甲的其他诉讼请求。

熊某、陈某乙不服，提起上诉。

重庆市第一中级人民法院经审理认为：本案中，陈某甲对其在此次事故中遭受的损害有权请求熊某承担侵权责任，依法也有权请求接受劳务方陈某乙予以补偿。现陈某甲同时起诉熊某和陈某乙，则直接侵权的第三人熊某应向其承担相应的侵权赔偿责任，同时，接受劳务方陈某乙在前述熊某赔偿的范围内也应向陈某甲承担补偿责任。由于陈某乙作为接受劳务方所承担的补偿责任系代负责任，其补偿后可以向直接侵权人熊某进行追偿。根据熊某和陈某乙的过错程度，认定由熊某承担80%的责任、陈某乙承担20%的责任。

重庆市第一中级人民法院依照《中华人民共和国民法典》第一千一百六十五条第一款、第一千一百九十二条第二款，《中华人民共和国民事诉讼法》第一百七十七条第一款第二项规定，判决如下：

一、撤销重庆市渝北区人民法院一审民事判决；

二、熊某于本判决生效后十日内赔偿陈某甲各项损失共计451867.52元；

三、陈某乙在前述第二项载明的款项范围内向陈某甲承担补偿责任；

四、驳回陈某甲的其他诉讼请求。

【法官后语】

本案系接受劳务者、第三人的过错竞合造成提供劳务者损害的侵权责任纠纷案件。根据法律规定，第三人导致的提供劳务者损害，提供劳务者具有选择权，既可以直接向第三人进行主张，还可以向接受劳务者一方主张，以便提供劳务者获得全面的保护。但是关于提供劳务者同时起诉第三人和接受劳务者的诉讼程序选择和责任承担问题，相关法律并无明确规定，司法实践亦未形成统一认识。

若提供劳务者同时起诉第三人和接受劳务者，由于请求权基础不一样，诉请责任性质不同，原则上不能混在一起予以评判，所以法院应当对原告予以释明。但如果法院未予以释明或当事人不进行选择，坚持同时起诉，为避免当事人诉累，可根据侵权责任一般性条款即《中华人民共和国民法典》第一千一百六十五条第一款规定，结合提供劳务者、接受劳务者、第三人过错程度，酌情认定各自应当承担的责任份额。同时，根据《中华人民共和国民法典》第一千一百九十二条第二款规定，第三人导致的提供劳务者损害，提供劳务者具有选择权，既可以直接向第三人进行主张，还可以向接受劳务者一方主张，以便提供劳务者获得全面的保护。因此，除了直接侵权的第三人应向原告承担相应的侵权赔偿责任，接受劳务者在前述第三人赔偿的范围内也应向原告承担补偿责任。但由于接受劳务者所承担的补偿责任系代负责任，其补偿后可以向直接侵权第三人进行追偿。本案中，陈某甲对其在此次事故中遭受的损害有权请求熊某承担侵权责任，依法也有权请求接受劳务方陈某乙予以补偿。现陈某甲同时起诉熊某和陈某乙，则直接侵权的第三人熊某应向其承担相应的侵权赔偿责任，同时，接受劳务方陈某乙在前述熊某赔偿的范围内也应向陈某甲承担补偿责任。

由于陈某乙作为接受劳务方所承担的补偿责任系代负责任，其补偿后可以向直接侵权人熊某进行追偿。

本案的价值在于，人民法院结合提供劳务者、接受劳务者、第三人过错程度，酌情认定各自应当承担的责任份额，判决终局责任人直接承担相应的侵权责任，同时，判决接受劳务方在第三人赔偿的范围内向提供劳务者承担补偿责任，避免接受劳务者及第三人再次向提供劳务者主张过错责任，既契合了使提供劳务者尽快且便捷获得经济赔偿的立法目的，也有效避免了当事人诉累。本案的审理，是人民法院坚持以人民为中心理念的生动体现，有利于一次性解决案件纠纷，防止程序空转，让人民群众真切感受到案件审理的公正与效率，实现政治效果、社会效果、法律效果的有机统一。

编写人：重庆市第一中级人民法院　龙彦林　杨雪朵

25

提供劳务者对自身身体状况的谨慎注意义务

——刘某甲诉厦门某市政公司等侵权责任案

【案件基本信息】

1. 裁判书字号

福建省厦门市湖里区人民法院（2022）闽 0206 民初 13564 号民事判决书

2. 案由：侵权责任纠纷

3. 当事人

原告：刘某甲

被告：厦门某市政公司、厦门某小学、厦门某物业公司

【基本案情】

厦门某物业公司系厦门某市政公司的唯一股东。2021年8月1日，刘某甲与厦门某市政公司签订一份《劳务协议》，约定刘某甲在厦门某市政公司安排的学校从事保洁工作，合同期限自2021年8月1日起至2022年7月31日止；厦门某市政公司对刘某甲所在岗位实行标准工时工作制：刘某甲每日工作不超过八小时，平均每周不超过四十小时，每周最少休息一天；刘某甲保证在本合同期间内每年定期向厦门某市政公司提供一份“三甲”医院出具的身体检查报告，如实向厦门某市政公司告知其身体健康情况；刘某甲如因身体不适或无法适应厦门某市政公司的工作，应及时向厦门某市政公司提出，并依法办理相关合同终止手续等。

厦门某市政公司安排刘某甲到厦门某小学从事保洁工作，厦门某市政公司在厦门某小学设立了物业管理团队，刘某甲平时的工作由该物业管理团队管理安排，刘某甲的工资由厦门某市政公司发放。

2022年6月6日8时47分左右，刘某甲在厦门某小学学校的操场扫地时突然倒地不起；10时30分左右，厦门某市政公司在厦门某小学的物业管理团队发现刘某甲倒地后，立即电话通知刘某甲的家属，并于11时09分拨打“120”急救电话，“120”急救中心于11时10分委派急救车将刘某甲送至厦门某医院救治。刘某甲于当日住院治疗，入院诊断为：（1）急性脑梗死；（2）高血压3级；（3）心律失常，窦性心动过速；（4）右侧肾积水伴输尿管结石；（5）腰椎滑脱（腰5）；（6）肺部阴影（右肺上叶结节）。刘某甲住院治疗15天后于2022年6月21日出院，出院诊断为：（1）急性脑梗死；（2）高血压3级（极高危）双侧高血压性视网膜病变（Ⅰ期）；（3）心律失常，窦性心动过缓，不完全性右束支传导阻滞；（4）右侧颈总动脉斑块；（5）右肾积水伴输尿管结石；（6）左侧单纯性肾囊肿；（7）左侧肾结石；（8）腰椎滑脱（腰5椎体）；（9）肺部感染；（10）肝囊肿；（11）泌尿系统疾患；（12）前列腺增生；（13）轻度贫血。刘某甲在上述住院期间支出医疗费27186.27元。刘某甲出院后，在2022年8月3日至12月7日期间多次至厦门某医院复诊，并为此支出医疗费

4389.85 元。

2022 年 9 月 1 日，人力资源和社会保障局受理了刘某甲提交的工伤认定申请。2022 年 10 月 14 日，人力资源和社会保障局作出不予认定工伤决定书，认为刘某甲于 2022 年 6 月 6 日突发疾病，送医治疗后于 2022 年 6 月 21 日出院，该情形不符合《工伤保险条例》第十五条第一款第一项视同工伤之规定，亦不符合《工伤保险条例》第十四条、第十五条规定的认定为工伤或视同工伤的其他情形，现决定依法不予认定为工伤或者视同工伤。

2022 年 9 月 5 日，刘某甲向医疗保险管理中心申请门诊特殊病种和治疗项目［“脑梗死（缺血性中风）恢复期治疗”］，厦门某医院出具审核意见，其病情摘要为“患者 2022 年 6 月因急性脑梗死在我院住院治疗，既往高血压，心律失常病史，需长期行脑血管病 2 级预防”。

【案件焦点】

1. 刘某甲突发疾病的各项损失数额；2. 厦门某市政公司、厦门某小学、厦门某物业公司是否应对刘某甲突发疾病的损害结果承担侵权责任。

【法院裁判要旨】

福建省厦门市湖里区人民法院经审理认为：关于刘某甲突发疾病的各项损失数额。（1）医疗费，刘某甲 2022 年 6 月 6 日至 2022 年 6 月 21 日住院期间共花费医疗费 27186.27 元，厦门某市政公司、厦门某小学、厦门某物业公司对此无异议，故予以确认。（2）后续治疗费，刘某甲出院后于 2022 年 8 月 3 日至 12 月 7 日因多次复诊支出医疗费 4389.85 元，刘某甲提供了相应的医疗费票据，故予以确认；根据厦门某医院对刘某甲向福建省医疗保险中心申请门诊特殊病种和治疗项目出具的审核意见，刘某甲的病情需长期行脑血管病 2 级预防。刘某甲现虽主张后续治疗费 20000 元，但无相应证据证明，故刘某甲虽需后续治疗，但该费用数额暂无法确定。（3）护理费，根据刘某甲住院 15 天及厦门市护工市场的实际情况，刘某甲住院期间并无医嘱需 2 人护理，其护理费以按护理人员 1 人、200 元/天计算为宜，即护理费为 3000 元。（4）误工费，刘某甲主张自2022年6月7日起计至2022年12月按月平均工资3089元×7个月计算误工费，但本案中刘某甲住院15天，其并未提交出院后休息的医嘱，因此其误工时间为15天，厦门某市政公司同意刘某甲月均工资按3089元计算，故刘某甲误工费为1544.5元（3089元÷30天×15天）。（5）营养费，根据刘某甲所患疾病情况，酌情确定其营养费为3000元。（6）住院伙食补助费，刘某甲住院15天，其住院伙食补助费参照国家机关一般工作人员的出差伙食补助标准确定为1500元（100元/天×15天）。（7）交通费，刘某甲住院治疗15天，根据刘某甲住院治疗15天的实际情况，酌情确定其交通费为500元。（8）精神损害抚慰金，刘某甲突发急性脑梗死，系自身身体状况所致，故对其关于精神损害抚慰金的主张不予支持。因此，刘某甲的各项损失为医疗费27186.27元、后续治疗费4389.85元、护理费3000元、误工费1544.5元、营养费3000元、住院伙食补助费1500元、交通费500元合计41120.62元，以及之后可能发生的其他后续治疗费等。

关于厦门某市政公司、厦门某小学、厦门某物业公司是否应对刘某甲突发疾病的损害结果承担侵权责任。厦门某市政公司与刘某甲签订《劳务协议》，厦门某市政公司安排刘某甲至厦门某小学从事保洁工作，刘某甲的工作由厦门某市政公司设立在厦门某小学的物业管理团队管理安排，工资由厦门某市政公司发放，厦门某市政公司与刘某甲之间存在劳务关系。刘某甲在提供劳务过程中突发急性脑梗死倒地，其虽主张系因工作超负荷导致病发，但并未提供充分的证据予以证明，故不予采信。刘某甲在明知自己年逾六十、身患多种疾病的情况下选择继续工作，本身未尽到谨慎注意义务，导致其在提供劳务过程中突发急性脑梗死等疾病，系自身身体状况所致，其应自行承担主要责任。事发时刘某甲已62周岁，厦门某市政公司在选用刘某甲时应对其有相应的审核，应当考虑其年龄及身体状况，对其用工时出现的身体异常状况负有在合理范围内及时提供救助的义务。本案中，2022年6月6日8时47分左右刘某甲在提供劳务过程中倒地，经过近两个小时才被厦门某物业公司发现，且直至11时09分才拨打120送医救治，虽经治疗后出院，但厦门某市政公司在近两个小时的时间内未能注意到刘某甲倒地的情况，且在发现刘某甲倒地后又过了半个多小时才拨打 120，对刘某甲尚未完全尽到在合理范围内及时提供救助的义务。根据常理，急性脑梗死早发现早就医更有利于避免病情加重及康复，故厦门某市政公司对刘某甲的损害后果存在一定过错，应承担相应的次要侵权责任。综合考虑厦门某市政公司的过错程度及刘某甲上述的损失情况，酌情确定厦门某市政公司对刘某甲的上述损失承担 5000 元的赔偿责任。厦门某物业公司系厦门某市政公司的唯一股东，其表示对厦门某市政公司所应承担的赔偿责任承担连带责任无异议，故对刘某甲关于要求厦门某物业公司对厦门某市政公司所应承担的赔偿责任承担连带责任的诉求予以支持。厦门某市政公司虽安排刘某甲到厦门某小学从事保洁工作，但刘某甲的工作由厦门某市政公司在厦门某小学设立的物业管理团队管理安排，工资由厦门某市政公司发放，刘某甲并非接受厦门某小学的管理和安排，其要求厦门某小学承担赔偿责任无事实及法律依据，故不予支持。

福建省厦门市湖里区人民法院依照《中华人民共和国民法典》第一千零四条、第一千一百六十五条、第一千一百七十三条、第一千一百七十九条，《最高人民法院关于审理人身损害赔偿案件适用法律若干问题的解释》第六条、第七条、第八条、第九条、第十条、第十一条，《中华人民共和国民事诉讼法》第六十七条规定，判决如下：

一、厦门某市政公司应于本判决生效之日起十日内赔偿刘某甲 5000 元；

二、厦门某物业公司对厦门某市政公司的上述应付款项承担连带责任；

三、驳回刘某甲的其他诉讼请求。

宣判后，双方当事人均未上诉，一审判决已经生效。

【法官后语】

《中华人民共和国民法典》第一千一百九十一条规定，用人单位的工作人员因执行工作任务造成他人损害的，由用人单位承担侵权责任。用人单位承担侵权责任后，可以向有故意或者重大过失的工作人员追偿。劳务派遣期间，被派遣的工作人员因执行工作任务造成他人损害的，由接受劳务派遣的用工单位承担侵权责任；劳务派遣单位有过错的，承担相应的责任。该条规定了在提供劳务者致人损害时，用人单位责任和劳务派遣单位、劳务用工单位责任。《中华人民共和国民法典》第一千一百九十二条规定，个人之间形成劳务关系，提供劳务一方因劳务造成他人损害的，由接受劳务一方承担侵权责任。接受劳务一方承担侵权责任后，可以向有故意或者重大过失的提供劳务一方追偿。提供劳务一方因劳务受到损害的，根据双方各自的过错承担相应的责任。提供劳务期间，因第三人的行为造成提供劳务一方损害的，提供劳务一方有权请求第三人承担侵权责任，也有权请求接受劳务一方给予补偿。接受劳务一方补偿后，可以向第三人追偿。该条规定了个人劳务关系中提供劳务者受害及致害的侵权责任。本案即为典型的在单位与个人形成劳务关系及劳务派遣关系后，提供劳务一方在执行工作任务过程中受到人身损害的情形，但《中华人民共和国民法典》并未明确规定在单位与个人形成的劳务关系或劳务派遣关系中，提供劳务者受害情形的侵权责任，故本案只能将案由定为侵权责任纠纷，适用侵权责任总体原则进行裁判。

《中华人民共和国民法典》第一千一百六十五条规定，行为人因过错侵害他人民事权益造成损害的，应当承担侵权责任。依照法律规定推定行为人有过错，其不能证明自己没有过错的，应当承担侵权责任。过错责任原则，是以过错作为价值判断标准，判断行为人对其造成的损害应否承担赔偿责任的归责原则。根据这一原则，除法律有特别规定（如产品责任、机动车交通事故责任、环境污染责任和生态破坏责任、高度危险责任等）外，民事主体只有因过错（故意或者过失）侵害他人民事权益的情形，才应当承担损害赔偿责任。没有过错，则不承担责任。该原则是近代社会理性主义思想与意思自由原则的体现，是侵权责任中最基本、最主要的归责原则。其之所以成为近代民法的基石之一，并至今被各国侵权法普遍确立为一般侵权责任的归责原则，是因为其建立在如下三个重要基础之上：第一，伦理基础。在道德观念上，确认个人就自己的过错行为所导致的损害应负赔偿责任，符合正义理念；反之，如果行为非出于过错，行为人已尽必要之注意义务，在道德上无可非议，自不应负侵权责任。第二，价值基础。在社会价值上，侵权法必须协调“个人自由”与“社会安全”两个价值，过错责任乃最能达成此项任务的归责原则。因为个人如果已尽其注意，即得免负侵权责任，则自由不受束缚，聪明才智可得发挥。人人尽其注意，一般损害亦可避免，社会安全亦足以维护。第三，人文基础。过错责任体现人的尊严，肯定人的自由，承认个人抉择、区别是非的能力，个人基于自由意思决定从事某种行为而造成损害的，因其具有过失，法律予以制裁，使其负赔偿责任，最足以表现对个人尊严的尊重。上述几个方面，与我国社会主义核心价值观所倡导的自由、平等、公正、法治在精神上是高度契合的。

该案中，作为提供劳务一方的刘某甲具有明显过错。其明知自己年逾六十、身患多种疾病的情况下选择继续工作，本身未尽到谨慎注意义务，导致其在提供劳务过程中突发急性脑梗死等疾病，系自身身体状况所致，故判其自行承担主要责任。而作为雇佣方，厦门某市政公司在选用刘某甲时应对其有相应的审核，应当考虑其年龄及身体状况，对其用工时出现的身体异常状况负有在合理范围内及时提供救助的义务，故判其承担次要责任，酌情赔偿5000元。

法院裁判该类案件，应本着引导社会成员增强公共意识、规则意识的原则，破解长期困扰群众的法律和道德风险，坚决防止“谁受伤谁有理”等“和稀泥”做法，让司法有力量、有是非、有温度，让群众有温暖、有遵循、有保障。

编写人：福建省厦门市湖里区人民法院　王迎春　孙祺皓

26

提供劳务者受害责任纠纷案中可否一并处理侵权与保险合同关系

——回某诉某机电设备公司、甲公司提供劳务者受害责任案

【案件基本信息】

1. 裁判书字号

吉林省通化市二道江区人民法院（2023）吉 0503 民初 932 号民事判决书

2. 案由：提供劳务者受害责任纠纷

3. 当事人

原告：回某

被告：某机电设备公司、甲公司

【基本案情】

2022 年 4 月 11 日，回某受雇于某机电设备公司到某钢铁公司焦化厂工作。2022 年 6 月 13 日，回某在某钢铁公司焦化厂干活时因事故致其肋骨骨折到甲医院住院治疗，2022 年 7 月 9 日出院，出院诊断为左侧第 3、4、5、6、7、9、11 肋骨骨折，左侧胸腔积液。2022 年 12 月 5 日，某机电设备公司向通化市二道江区人民法院提起某机电设备公司与回某确认劳动关系纠纷一案，通化市二道江区人民法院于 2022 年 12 月 26 日作出 989 号一审民事判决书，判决：某机电设备公司与回某不存在劳动关系。回某上诉至通化市中级人民法院，通化市中级人民法院于 2023 年 2 月 23 日作出 76 号二审民事判决书，判决：驳回上诉，维持原判。2023 年 4 月 21 日回某申请对此次受伤的伤残等级、误工期、护理期、营养期进行司法鉴定。甲司法鉴定所于 2023 年 5 月 20 日作出司法鉴

定意见书，鉴定意见为：（1）被鉴定人此次外伤，已构成九级伤残。（2）被鉴定人此次外伤，误工期为120日。（3）被鉴定人此次外伤，护理期为30日。（4）被鉴定人此次外伤，营养期为30日。除伤残赔偿金外其他赔偿某机电设备公司均赔偿完毕。另，某机电设备公司在甲公司投保了建筑工程人员团体意外伤害保险B款、附加建筑工程人员意外伤害团体医疗保险，建筑工程人员团体意外伤害保险B款保险金额为600000元/人，保险期间为2022年5月18日24时至2023年3月31日24时，承保工程名称为某钢铁公司焦化事业部炼焦作业区焦炉设备维检承包，施工地址为某钢铁公司焦化事业部炼焦作业区。投保细则中险种名称为建筑团体意外伤害身故保险金（GCADB1）、建筑团体意外伤害残疾保险金（GCADB2）。建筑工程人员团体意外伤害保险B款条款第2.3条可选责任意外伤害残疾保险金（GCADB2）第一款规定：若被保险人自该次意外伤害事故发生之日起180日内因该次事故致成《人身保险伤残评定标准及代码》（JR/T0083-2013）中所列伤残程度等级之一，则我方以该被保险人的保险金额为基数，按该伤残程度等级对应的保险金给付比例给付意外伤害残疾保险金。若自该次意外伤害事故发生之日起180日内治疗仍未结束的，则按第180日的身体情况进行伤残程度等级鉴定，我方据此给付意外伤害残疾保险金。当意外伤害残疾保险金给付的累计金额达到该被保险人的保险金额时，我方对该被保险人的保险责任终止。第9.1条给付比例表中，伤残等级九级的给付比例为20%，十级的给付比例为10%。2023年9月20日，回某申请理赔，甲公司赔付回某60000元。诉讼过程中，甲公司申请对回某左侧第8肋骨和第10肋骨骨折与2022年6月13日的意外事故撞击是否存在因果关系，对回某按照《人身保险伤残评定标准及代码》进行伤残鉴定。某司法鉴定中心于2024年2月1日作出第16号司法鉴定意见书，鉴定意见为：（1）被鉴定人回某左侧第8肋骨、第10肋骨骨折与2022年6月13日外伤存在直接因果关系。（2）被鉴定人回某8根以上肋骨骨折，符合伤残九级。

【案件焦点】

1. 某机电设备公司是否需要承担赔偿责任；2. 甲公司是否为本案适格被

告；3. 某机电设备公司与甲公司承担赔付残疾赔偿金的具体数额。

【法院裁判要旨】

吉林省通化市二道江区人民法院经审理认为：关于某机电设备公司是否需要承担赔偿责任。《中华人民共和国民法典》第一千一百九十二条第一款规定："个人之间形成劳务关系，提供劳务一方因劳务造成他人损害的，由接受劳务一方承担侵权责任。接受劳务一方承担侵权责任后，可以向有故意或者重大过失的提供劳务一方追偿。提供劳务一方因劳务受到损害的，根据双方各自的过错承担相应的责任。"已生效的 989 号民事判决书可以证明，某机电设备公司与回某存在维检合同期内特定期间的劳务关系。回某在提供劳务期间因事故致其肋骨骨折，故某机电设备公司应承担赔偿责任。关于甲公司是否为本案适格被告。某机电设备公司为某钢铁公司焦化事业部炼焦作业区焦炉设备维检承包工程投保建筑工程人员团体意外伤害保险 B 款，在保障期间内其提供劳务者回某在承保施工地作业时意外受伤，是保险合同的被保险人，符合理赔条件，甲公司应按照保险合同约定进行理赔。本案中，保险合同关系与侵权关系均基于提供劳务者回某身体意外伤害的同一事实，且某机电设备公司作为投保人为其提供劳务者购买意外伤害险的目的，就是提供劳务者因从事其指派工作受伤后，减轻或免除其应承担的赔偿责任。将甲公司列为被告有利于查明案件事实，确定赔偿责任，避免当事人诉累，节约司法资源，因此甲公司是本案适格被告。

关于某机电设备公司与甲公司承担赔付残疾赔偿金的具体数额。（1）《最高人民法院关于审理人身损害赔偿案件适用法律若干问题的解释》第十二条第一款规定："残疾赔偿金根据受害人丧失劳动能力程度或者伤残等级，按照受诉法院所在地上一年度城镇居民人均可支配收入标准，自定残之日起按二十年计算。但六十周岁以上的，年龄每增加一岁减少一年；七十五周岁以上的，按五年计算。"结合《吉林省高级人民法院关于 2023 年度人身损害赔偿执行标准的通知》，2022 年度吉林省城镇居民人均可支配收入为 35471 元、无异议的某司法鉴定中心的司法鉴定意见书中回某的伤残等级为九级，故回某的残疾赔偿金应为 35471 元×20 年×20% = 141884 元。（2）某机电设备公司投保的建筑工程人员团体意外伤害保险 B 款条款第 2.3 条可选责任意外伤害残疾保险金（GCADB2）条款“按该伤残程度等级对应的保险金给付比例给付意外伤害残疾保险金”是对被保险人遭遇意外伤害后给付伤残保险金的计算方式的约定，并未限制或损害被保险人利益，也未在保险公司承担保险责任的范围内减轻或排除其应当承担的风险与损失，不属于《最高人民法院关于适用〈中华人民共和国保险法〉若干问题的解释（二）》第九条规定的“比例赔付或者给付”，不应认定为免除保险人责任条款，且团体人身保险投保单及投保人声明与授权有投保人某机电设备公司法人签名并加盖公章，某机电设备公司主张该条款为格式合同文本中的比例赔付条款，甲公司对责任免除条款未尽到提示和明确说明的义务应当全额赔付的意见不能成立，不予支持。甲公司应当按照建筑工程人员团体意外伤害保险 B 款条款第 2.3 条进行理赔，结合第 9.1 条九级赔付比例为 20%，甲公司应给付回某残疾赔偿金 600000 元×20% = 120000 元，因甲公司已赔付回某 60000 元，故甲公司应赔付回某残疾赔偿金 60000 元，剩余残疾赔偿金 141884 元−120000 元 = 21884 元应由某机电设备公司承担。

吉林省通化市二道江区人民法院依据《中华人民共和国民法典》第一千一百九十二条、《中华人民共和国保险法》第十三条、《最高人民法院关于审理人身损害赔偿案件适用法律若干问题的解释》第十二条第一款规定，判决如下：

一、某机电设备公司于本判决生效后立即赔付回某残疾赔偿金 21884 元；

二、甲公司于本判决生效后立即赔付回某残疾赔偿金 60000 元。

宣判后，双方当事人均未上诉，一审判决已经生效。

【法官后语】

提供劳务者受害责任纠纷案件的审理不仅关涉提供劳务者生命健康权的救济与保护，亦涉及接受劳务方的用工风险化解与生存发展之间的平衡。正确厘清各方主体之间的法律关系，对损害赔偿责任主体与赔偿范围加以认定，依法保护各方当事人的合法权益，是审理此类案件的关键。

本案中，回某作为某机电设备公司的提供劳务者，在从事雇佣活动中受到伤害，某机电设备公司作为接受劳务者应当承担相应的赔偿责任。某机电设备公司在甲公司投保接受劳务者责任险，二者之间的保险合同关系成立。《民事案件案由规定》第五条第三款规定：“……同一诉讼中涉及两个以上的法律关系的，应当根据当事人诉争的法律关系的性质确定个案案由；均为诉争的法律关系的，则按诉争的两个以上法律关系并列确定相应的案由。”本案基于同一事实，涉及保险合同和侵权两个法律关系，对保险合同和侵权法律关系一并进行审理，符合前述规定。本案中，保险合同关系与侵权关系均基于提供劳务者回某身体意外伤害的同一事实，且某机电设备公司作为投保人为其提供劳务者购买意外伤害险的目的，就是提供劳务者因从事其指派工作受伤后，减轻或免除其应承担的赔偿责任。一并处理保险合同关系和侵权赔偿，有利于提供劳务者尽快获赔，从而有效化解矛盾；保险合同参与案件审理，可以充分了解保险事故案情、损失大小、过错责任分配，有利于减少诉累，节约司法资源。

本案案涉保险合同关于按照伤残程度等级对应比例给付保险金的约定，虽然在计算方式上带有比例因素，但并不具有免除或者减轻保险人责任的本质特征。该约定体现了提供劳务者伤残程度的轻重与保险人给付保险金的多少相对应的关系，兼顾被保险人利益的同时，合理分配了各方权利义务，是对保险人承担保险责任的范围和保险金赔偿标准的确定，符合重伤多赔，轻伤少赔的公众认知，故不应认定为免除保险人责任条款。

编写人：吉林省通化市二道江区人民法院　彭羽

27

个人劳务关系中第三人致提供劳务者受害时接受劳务者的责任承担

——李某A等诉彭某甲提供劳务者受害责任案

【案件基本信息】

1. 裁判书字号

广西壮族自治区崇左市中级人民法院(2023)桂14民终1300号民事判决书

2. 案由：提供劳务者受害责任纠纷

3. 当事人

原告(反诉被告、上诉人)：李某A、李某甲、李某乙、黄某甲、杨某甲(以下简称李某A等五人)

被告(反诉原告、被上诉人)：彭某甲

【基本案情】

李某A、黄某甲系李某B父母，杨某甲系李某B妻子，李某甲、李某乙系李某B儿子。2020年12月，李某B受彭某甲雇佣从事货物运输驾驶员工作，彭某甲与李某B达成口头协议，2020年12月起由李某B帮彭某甲开车运输南宁某配送公司的货物，日常工作以及发放劳务佣金报酬均由彭某甲安排和支付。2023年3月25日，李某B驾驶轻型厢式货车(所有人为彭某甲)与龙某甲驾驶重型半挂牵引车发生碰撞，造成李某B当场死亡、龙某甲受伤及两车损坏的损失。经交警部门认定，李某B驾车时未按操作规范驾驶致车辆撞到道路南侧水泥制防护栏后车辆失控驶过对向车道，负事故的主要责任；龙某甲驾驶机件不符合技术标准的机动车上道路行驶，负事故的次要责任。事后，李某 A 等五人与龙某甲私下达成赔偿协议，由龙某甲对损失承担 40% 的赔偿责任 42 万元，该部分赔偿已得到实际履行。

李某 A 等五人诉称，李某 B 在提供劳务活动过程中受到损害，依法应由得到接受劳务成果和利益的受益人彭某甲承担赔偿责任。同时认为彭某甲对事故发生存在两方面的过错，一是监管过失，彭某甲运输时间安排不合理，长期缺失对死者李某 B 疲劳驾驶的监管；二是资质问题，彭某甲没有任何的运输资质，但指派李某 B 从事运输。

在案件审理过程中，彭某甲提出反诉，此处略。

【案件焦点】

1. 李某 A 等五人能否同时主张第三人龙某甲赔偿和接受劳务者彭某甲补偿；2. 在第三人龙某甲已经进行赔偿的情况下，提供劳务者李某 B 的继承人李某 A 等五人能否再次向接受劳务者彭某甲主张过错赔偿。

【法院裁判要旨】

广西壮族自治区大新县人民法院经审理认为：根据《中华人民共和国民法典》第一千一百九十二条的规定，提供劳务者在提供劳务期间受到损害时，接受劳务者对提供劳务者的责任形式有两种，一种是接受劳务者对损害发生有过错时的赔偿责任，另一种是第三人侵权时的补偿责任。

在第三人侵权的情形，接受劳务者的补偿责任系对第三人侵权责任的替代责任，在补偿后可以向第三人追偿，第三人系最终的赔偿义务人，接受劳务者的补偿责任与第三人的侵权责任系不真正连带责任，提供劳务者在第三人侵权责任和接受劳务者补偿责任只能择一主张。本案中，李某 A 等五人与对交通事故承担次要责任的龙某甲私下达成赔偿协议，也即选择了向第三人主张侵权责任，其对彭某甲主张补偿责任的请求权也随之消灭，故其援引《中华人民共和国民法典》第一千一百九十二条第二款请求彭某甲赔偿损失的主张，与法律规定不符，法院不予支持。

提供劳务者因劳务受到损害的，提供劳务者与接受劳务者的归责原则是过错责任原则。若彭某甲对交通事故的发生存在过错，应承担过错赔偿责任。李某 A 等五人认为彭某甲作为接受劳务者有获益应赔偿损失的主张，实际上是认为个人劳务的归责原则为无过错责任原则，与法律规定不符。李某 A 等五人主张彭某甲对事故发生存在监管过失和资质问题两方面的过错。结合本案查明认定的事实及相关的法律规定，法院认为李某 A 等五人主张彭某甲存在的过错不能成立。对于监管过失问题，在交警部门出具的《道路交通事故认定书》并没有体现出疲劳驾驶的因素。另外，一般而言从南宁至大新的车程为三小时左右，李某 B 仅负责运输而不需装载卸货，彭某甲又未对李某 B 提出具体时间要求，到达目的地后李某 B 可以自行安排休息时间，根据《中华人民共和国道路交通安全法实施条例》第六十二条第七项"连续驾驶机动车超过 4 小时未停车休息或者停车休息时间少于 20 分钟"的规定，法院认为认定事故系因疲劳驾驶导致的证据不足。对于资质问题，本案系用轻型厢式货车运输普通的日用百货物品，不涉及危险品，根据我国公安部发布的公共安全行业标准·机动车类型术语和定义的规定，轻型载货汽车是指车长小于 6000mm 且总质量小于 4500kg 的载货汽车，符合《中华人民共和国道路运输条例》（2019 年）第二十四条第三款"使用总质量 4500 千克及以下普通货运车辆从事普通货运经营的，无需按照本条规定申请取得道路运输经营许可证及车辆营运证"规定的情形，彭某甲从事的运输不需要相关部门许可从事运输的资质，自然也就没有缺少资质的过错。李某 A 等五人主张彭某甲对事故发生存在过错，但未能提交充分的证据证实，应承担举证不能的不利责任，法院对该主张不予支持。

广西壮族自治区大新县人民法院依照《中华人民共和国民法典》第一千一百九十二条，《中华人民共和国民事诉讼法》第六十七条第一款、第一百四十五条，《最高人民法院关于适用〈中华人民共和国民事诉讼法〉的解释》第九十条、第九十一条第一项的规定，判决如下：

驳回李某 A 等五人的本诉诉讼请求。

李某 A 等五人不服，提出上诉。

广西壮族自治区崇左市中级人民法院经审理认为：同意一审法院的裁判意见。另外提出，李某B作为一个完全民事行为能力人，同时作为一个从事长期运输货物的司机，对自己在驾驶过程中的状态有预见能力，在没有证据证明彭某甲存在过错的情况下，李某A等五人主张由彭某甲赔偿相应损失，没有事实和法律依据，法院不予采纳。

广西壮族自治区崇左市中级人民法院依照《中华人民共和国民事诉讼法》第一百七十七条第一款第一项规定，判决如下：

驳回上诉，维持原判。

【法官后语】

市场经济的活跃带动了劳务用工的发展，为了追求经济便利性，更多的人选择雇佣他人从事劳务活动，而在提供劳务期间，提供劳务者不免会因为自身或者第三人侵权遭受损害，提供劳务者受害责任纠纷案件由此频发。为统一该类案件的裁判尺度，《中华人民共和国民法典》（以下简称《民法典》）在第一千一百九十二条第二款规定了个人劳务关系中提供劳务者遭受第三人侵权损害时的救济路径，即其可向侵权第三人主张赔偿责任，也可向接受劳务者主张补偿责任。然而在司法实践中，常出现提供劳务者向一方主张权利后，又起诉向另一方主张权利的情况。因现有法律规定未对提供劳务者权利主张顺序作出明确安排，致使实践中对该类案件的权利主张顺序存在不同的理解。

从本质上看，原因在于对接受劳务者内外责任承担及相对应的归责原则理解不一。在提供劳务者受害责任纠纷中，第三人侵权导致提供劳务者损害可分为侵权第三人造成的损害及提供劳务者造成的损害两个部分。侵权第三人造成的损害部分涉及接受劳务者的外部责任承担，提供劳务者造成的损害部分涉及接受劳务者的内部责任承担。

就外部责任承担而言，对于侵权第三人造成的损害部分，接受劳务者与侵权第三人之间承担的是不真正连带责任，归责原则为无过错责任原则，但只能择一主张，不能同时主张。我国法律并未对不真正连带责任进行明确规定，学理通说认为不真正连带责任亦称不真正连带债务，指的是“多数债务人就基于不同发生原因而偶然产生的同一内容的给付各负全部履行之义务，并因债务人之一的履行而使全体债务人的债务均归于消灭的债务”。结合不真正连带责任的定义理解《民法典》第一千一百九十二条第二款，可知接受劳务者的补偿责任与第三人的侵权责任系不真正连带责任。不真正连带责任不同于连带责任，不真正连带责任中的债权人只能选择其中一个债务人进行主张，而不能同时向多个债务人进行主张。因此，提供劳务者只能选择第三人或者接受劳务者主张侵权责任，而不能同时对二人提出主张。出于终局责任承担的角度考虑，接受劳务者享有承担补偿责任后向第三人追偿的权利，第三人是最终的赔偿义务人。由此也得知，接受劳务者的补偿责任系对第三人侵权责任的替代责任，第三人的侵权责任是直接、终局责任，接受劳务方承担补偿责任的基础是享有劳务利益及更好保障提供劳务者获得赔偿，具有保障性和兜底性，如果第三人已经就其造成的损害部分承担赔偿责任，接受劳务者就不用再行承担补偿责任，此时若要求接受劳务者承担补偿责任，则违背了民事侵权损害赔偿的填平原则。因此，在此种情况下，提供劳务者只能择一主张第三人侵权责任或接受劳务者的补偿责任。本案中，李某B受彭某甲雇佣从事货物运输劳务，李某B与彭某甲之间存在个人劳务关系，李某B在提供劳务期间与第三人龙某甲发生交通事故而亡，其近亲属李某A等五人可以依法向龙某甲请求侵权损害赔偿，也可以向彭某甲请求给予补偿。但在起诉前，李某A等五人已与第三人龙某甲私下达成赔偿协议且该赔偿得到了实际履行，也即选择了向第三人主张侵权责任，其对彭某甲主张补偿责任的请求权也随之消灭，法院由此不支持该诉讼请求。

就内部责任承担而言，对于提供劳务者造成的损害部分，接受劳务者与提供劳务者的归责原则为无过错责任原则，接受劳务者有过错才承担责任，无过错则承担责任。针对《民法典》第一千一百九十二条第一款第三句中“提供劳务一方因劳务受到损害的”情形，根据法律的规范意义对此应做扩张性解释，包括提供劳务者因提供劳务而遭受第三人侵权损害的情形。作出如此解释，畅通了接受劳务者有过错时，提供劳务者寻求救济的渠道，即提供劳务者不仅可以依据《民法典》第一千一百九十二条第二款请求接受劳务者承担补偿责任，还可以依据《民法典》第一千一百九十二条第一款第三句请求接受劳务者承担赔偿责任。但要注意的是，《民法典》第一千一百九十二条第一款第三句中“根据双方各自的过错承担相应的责任”。说明了此依据下接受劳务者承担赔偿责任的归责原则为过错责任原则，接受劳务者有过错则承担责任，无过错则不承担责任。接受劳务者的过错认定可以从是否存在选任过错和是否尽安全保障义务和管理义务方面来考量，如接受劳务者无过错，则无需承担赔偿责任。本案中，并无证据证明彭某甲有过错，李某B死亡的结果系其自身重大过错和第三人龙某甲的侵权行为共同造成，因此李某A等五人无法再要求彭某甲承担过错损害赔偿责任。

本案中，法院以“接受劳务者的补偿责任与第三人的侵权责任系不真正连带责任，只能择一主张”“接受劳务者与提供劳务者的归责原则系无过错责任原则，接受劳务者无过错不承担责任”为由判决驳回提供劳务者的诉讼请求，为个人劳务关系中第三人侵权致提供劳务者受害责任纠纷出现同案不同判的问题提供了解决的方案，不仅强化了个人劳务活动中的提供劳务者权益保障，同时也有效防止了个人劳务关系下无过错接受劳务者的责任负担过重，在平衡各种利益的同时体现公平正义，对类案具有一定的参考价值。

编写人：广西壮族自治区大新县人民法院　农雪英

28

定作人侵权制度的法律适用及认定标准

——彭甲、彭乙诉吴甲、吴乙提供劳务者受害责任案

【案件基本信息】

1. 裁判书字号

浙江省丽水市中级人民法院（2024）浙11民终164号民事判决书

2. 案由：提供劳务者受害责任纠纷

3. 当事人

原告（被上诉人）：彭甲、彭乙

被告（上诉人）：吴甲

被告：吴乙

【基本案情】

彭甲与吴丙系夫妻关系，彭乙系彭甲与吴丙的儿子；吴甲与吴乙系亲兄弟关系。吴甲平时从事毛竹收购销售工作。吴甲负责收购销售其哥哥吴乙家坐落于A县B镇C村土名为××山场上的毛竹。2023年5月23日，吴甲将案涉山场上的毛竹砍伐工作承包给吴丁，双方达成口头协议：吴丁砍伐毛竹，并将毛竹放到山脚公路边，装满一车毛竹结算一次伐毛竹工钱，按照100斤9元支付工钱。经吴甲同意，吴丁邀请吴丙一起砍伐毛竹。2023年5月26日16时左右，吴丙与吴丁在山场上砍伐毛竹时，吴丙在拉毛竹过程中不慎滑倒并致头部砸到石头上，当即吴丙昏迷在地，在附近的吴丁赶过来叫醒后，吴丙发生了呕吐。吴丁拨打急救电话求救后又立即联系其他村民到场。后吴丙被救护车运送到A县人民医院进行抢救治疗，入院诊断为：脑挫伤、脑水肿、颅底骨折、创伤性颅内积气、头皮挫伤，治疗一天后因伤势严重被医生建议转上一级医院治疗。吴丙于同月27日从A县人民医院出院被转往某市中心医院住院治疗，入院诊断为：颅底骨折、创伤性蛛网膜下腔出血、颅内积气、急性呼吸衰竭，住院治疗26天。2023年6月22日，吴丙从某市中心医院出院转回A县人民医院住院治疗，10天后吴丙于2023年7月2日因呼吸衰竭在医院死亡。在吴丙从A县人民医院转往某市中心医院治疗时，吴甲交付了2500元医疗费，在某市中心医院治疗时吴甲交付了17000元医疗费。

【案件焦点】

吴甲是否需要承担赔偿责任。

【法院裁判要旨】

浙江省景宁畲族自治县人民法院经审理认为：劳务关系和承揽关系都是发生在工作过程中，提供劳务者和承揽人都必须付出劳动，其形式很相似，需从提供劳务的过程中双方所处的地位，劳务的目的，是定期给付劳动报酬还是一次性结算劳动报酬，是继续性提供劳务还是一次性提供劳动成果等方面区分。在劳务关系中接受劳务者与提供劳务者之间存在一定的人身依附关系，提供劳务者对工作如何安排没有自主权，接受劳务者可以随时干预提供劳务者的工作，提供劳务者的劳动属于一种从属性劳动，接受劳务者可以定期给提供劳务者支付劳动报酬。承揽关系中，定作人与承揽人地位平等，承揽人对工作安排有自主权，定作人一般无权干涉，承揽人交付劳动成果后一次性结算报酬。本案中，吴丁与吴甲达成口头砍伐毛竹协议，由吴丁承包砍伐吴乙××山场上的毛竹，吴丁邀请吴丙一起砍伐毛竹，两人之间属于个人合伙关系。吴丁和吴丙自带砍伐毛竹工具，自行安排时间到山场开展工作，以 100 斤 9 元的价格计算报酬，按一车结算一次方式结算报酬，该院认定吴甲与吴丁、吴丙之间形成的是承揽关系而非劳务关系。《中华人民共和国民法典》第一千一百九十三条规定，承揽人在完成工作过程中造成第三人损害或者自己损害的，定作人不承担侵权责任。但是，定作人对定作、指示或者选任有过错的，应当承担相应的责任。农村砍伐毛竹，虽然属于农村一般性的工作，没有特殊的技术和资质要求，但在山场上砍伐毛竹、搬运毛竹，还是存在一定的危险性。吴甲作为定作人未就定作事项向承揽人进行明确说明，导致砍伐人员对作业安全注意不足，对事故的发生存在一定的指示及选任不当的过错，应承担相应的赔偿责任，该院综合本案的实际情况确定由被告吴甲承担 10%的责任。关于吴乙和吴甲对毛竹砍伐事宜的关系问题。第一，吴甲陈述吴乙在过年时说过由吴甲将其山场的毛竹砍伐销售，但未提供委托砍伐方面的证据证明。第二，吴甲将山场毛竹的砍伐承揽给吴丁和吴丙，吴乙未参与，吴甲未提供证据证明其已告知吴乙，并经吴乙许可。第三，吴甲平时做毛竹销售生意，案涉山场毛竹由其销售，吴乙虽系案涉山场毛竹的所有人，但其并不清楚毛竹销售价格、销售人是否也获得利益等情况。综合上述因素，该院认定吴乙和吴甲之间在本案中属于承包关系，故彭甲、彭乙要求吴乙承担赔偿责任的诉讼请求，无事实和法律依据，该院不予支持。彭甲、彭乙主张的家属办理丧事误工费、殡葬服务费用，无法律依据，该院不予支持。

浙江省景宁畲族自治县人民法院依照《中华人民共和国民法典》第一千一百九十三条，《最高人民法院关于审理人身损害赔偿案件适用法律若干问题的解释》第六条、第七条、第八条、第九条、第十条、第十四条、第十五条、第十七条、第二十三条，《最高人民法院关于确定民事侵权精神损害赔偿责任若干问题的解释》第五条之规定，判决如下：

一、被告吴甲在判决生效后十日内赔偿给原告彭甲、彭乙损失及精神损害抚慰金共计人民币 163352.6 元（被告吴甲已垫付 19500 元，尚需支付 143852.6 元）；

二、驳回原告彭甲、彭乙的其他诉讼请求。

吴甲不服一审判决，提出上诉。

浙江省丽水市中级人民法院经审理认为：上诉人吴甲同意吴丁邀请吴丙一起到案涉山场砍伐毛竹，并根据劳动成果即 100 斤 9 元的价格给付劳动报酬，吴丙、吴丁自带砍伐毛竹工具，自行安排时间开展工作，符合承揽关系中承揽人按照定作人的要求完成工作，交付工作成果，定作人支付报酬的基本属性，上诉人吴甲与吴丙、吴丁之间系承揽关系。承揽人在完成承揽事项中造成自身损害的，定作人对定作、指示或者选任有过错的，应当承担相应的责任。上诉人吴甲未就定作事项向承揽人吴丙进行明确说明，并且对吴丙是否有长期砍竹经历、是否具备相应的砍竹经验并不了解，存在一定的选任过失。一审法院综合本案的实际情况确定由上诉人吴甲承担 10%的赔偿责任，并无不当，法院予以确认。

浙江省丽水市中级人民法院依照《中华人民共和国民事诉讼法》第一百七十七条第一款第一项规定，作出如下判决：

驳回上诉，维持原判。

【法官后语】

在司法实践中，与定作人侵权纠纷相关的案件数量持续激增。该类案件中受害人往往非死即残，且多为青壮年劳动力，这对于受害人本人及其家庭，乃至整个社会都产生了较为严重的负面影响。在这数量众多的案件中，困扰司法实践的一个突出问题是用工活动的定性问题，这不仅是各方当事人诉争的焦点，也是裁判者法律适用的难点，同时导致了相当数量的二审、再审案件。

伴随用工活动性质认定的改变，用工主体与受害人之间的责任划分和责任承担也随之发生显著差异，可能从不承担责任到承担部分责任，或者从承担主要责任转变为承担次要责任。

《中华人民共和国民法典》第一千一百九十一条至第一千一百九十三条，在区分不同用工活动性质的基础上，集中规定了不同类型的用工型侵权制度。《中华人民共和国民法典》第一千一百九十一条和第一千一百九十二条所规定的用人单位侵权责任和个人劳务接受者侵权责任，在学理上统称为“用人者责任”，与定作人侵权制度法律效果方面存在显著差异。具体而言，用人者责任区分用工活动的内部性和外部性。对外，用人者对第三人承担无过错替代责任；对内，对于工作人员遭受的损害通常依据《工伤保险条例》的规定，适用工伤保险制度来救济，对劳务提供者因劳务受到的损害，则适用过错责任和与有过失制度。而定作人侵权制度虽然同样区分承揽用工活动的内外部性，但是定作人对内对外承担的侵权责任是一致的，即定作人在存在定作、指示或者选任过错时，承担相应过错责任，责任的大小取决于过错程度以及原因力。显然，定作人是用工型侵权责任制度中侵权责任负担最轻的用工主体。由此，区分这些不同类型的用工型侵权责任制度的重心就在于对这些用工活动性质的界定，因为这将直接影响到用工型侵权责任制度的适用，进而会对各方当事人注意义务范围的划分、过错的认定、受害人损害赔偿不能风险的分配以及最终的侵权责任承担范围等均产生实质性影响。

我国的定作人侵权制度中定作人的注意义务的范围以及过错的认定范围均相对较窄。实践中，一种解释路径是扩张解释“定作过错”的内涵，将未履行危险告知义务或者未采取相应的安全措施等视为存在定作过错，进而适用《中华人民共和国民法典》第一千一百九十三条的规定要求定作人承担侵权责任。另一种解释路径是基于过错责任一般条款的兜底功能，对于未被定作人过错典型形态所涵盖的过错类型，直接适用《中华人民共和国民法典》第一千一百六十五条第一款的规定。因为《中华人民共和国民法典》第一千一百六十五条第一款作为民法典侵权责任编过错责任的一般条款，同样可适用于定作人侵权的情形，《中华人民共和国民法典》第一千一百九十三条可以说只是对定作人特定过错类型的部分列举而非封闭列举，两者之间实为特殊与一般的法律适用关系。

应该说无论适用何种解释方案，都不会影响到最终的定作人侵权责任的承担。不过第一种解释方案将定作人未对危险情况予以告知、未采取必要的安全保障措施的情形，涵摄“定作过错”的概念下，这未必符合多数人对“定作人过错”的通常理解，而且在裁判实践中也并未被广泛认可，论证负担可能较重。而第二种解释方案符合《中华人民共和国民法典》体系解释的要求，论证负担相对较轻，而且有助于明晰《中华人民共和国民法典》第一千一百九十三条与第一千一百六十五条第一款之间的内在关联，对于打破目前司法实践中对定作人过错范围认定过窄的偏狭认知，避免裁判者机械、僵化认定定作人的过错，大有裨益。

编写人：浙江省景宁畲族自治县人民法院　叶娜娜

29

提供劳务者在提供劳务过程中遭受人身损害的多方责任认定

——李甲诉唐甲等提供劳务者受害责任案

【案件基本信息】

1. 裁判书字号

福建省泉州市中级人民法院（2023）闽05民终4897号民事判决书

2. 案由：提供劳务者受害责任纠纷

3. 当事人

原告（上诉人）：李甲

被告（上诉人）：唐甲

被告（被上诉人）：王甲、王乙

【基本案情】

2023年1月，王甲、王乙将其位于福建省安溪县某某村30号、31号的房屋的装修工程分别发包给唐甲，唐甲承揽该工程后雇佣李甲从事贴砖工作。2023年1月6日，李甲在为王甲的房屋外墙贴砖时，从高约1.95米的脚手架摔落。李甲于当日被送至医院救治，于2023年3月16日出院，支出医疗费233584.17元。经诊断，李甲的伤情为：（1）颈5椎体向前II°滑脱；（2）颈6椎体骨折；（3）颈5-6水平髓损伤并四肢瘫；（4）高血压3级（很高危）；（5）心律·失常；（6）慢性心功能不全；（7）双肺挫伤；（8）肺部感染；（9）胸腔积液（少量）；（10）低蛋白血症；（11）低钠血症；（12）抗利尿激素异常分泌综合征；（13）体位性低血压；（14）双肺结节；（15）心包积液（少量）；（16）肺气肿；（17）皮下气肿；（18）褥疮。李甲于2023年4月28

日被送至甲医院住院治疗，于 2023 年 5 月 31 日出院，支出医疗费 110431. 97 元。事故发生后，王甲向李甲支付 2500 元、王乙向李甲支付 2500 元。庭审中，王乙自认系出于人道主义的慰问，并非赔偿；王甲对该主张未提出异议。

【案件焦点】

1. 李甲因本案事故造成的损失费用是多少；2. 王甲、王乙、唐甲在本案事故中应承担责任比例是多少。

【法院裁判要旨】

福建省安溪县人民法院经审理认为：根据相关法律规定，结合李甲的诉讼请求及王甲、王乙、唐甲的辩称，法院确定李甲因本案造成的各项损失合计 426191. 72 元，具体项目如下：（1）医疗费 344016. 14 元；（2）住院伙食补助费以 30 元/日为标准，共计住院 101 日，扣除医疗费用中的伙食费 1407. 12 元，为 1622. 88 元；（3）营养费酌情确定为 34401. 6 元；（4）交通费因各方当事人均未提出异议，故确定为 2020 元；（5）李甲主张的护理费计算方式为每日 200 元，该数额未超过法律规定的护理费标准，故护理费为 101 日×200 元/日 = 20200 元；（6）医疗器具费 23931. 1 元。

根据相关法律规定，承揽人在完成工作过程中造成第三人损害或者自己损害的，定作人对定作、指示或者选任有过错的，应当承担相应的责任；个人之间形成劳务关系，提供劳务一方因劳务受到损害的，根据双方各自的过错承担相应的责任。第一，王甲、王乙在庭审中均认可房屋系其父母建成，虽无产权证，但已经明确房屋两侧各自所有。从二人的户籍地门牌号不一致以及装修项目清单、费用均分开计算，可以印证王乙关于兄弟二人已经分家，房屋装修各自分开、费用各自承担的主张。法院的现场勘验笔录及庭审中各方当事人的陈述，均可认定，李甲摔伤系发生在王甲所有的房屋外墙处。故王乙对李甲的损失不承担赔偿责任。王甲作为工作场所提供人，并向李甲提供贴砖所用的脚手架，在李甲施工时未尽安全警示义务，在指示上存在一定的过失。第二，唐甲作为接受劳务者，未能提供充分安全劳动条件，采取安全防护措施，存在过错，应承担相应的民事赔偿责任。第三，李甲作为完全民事行为能力人，在上脚手架施工时，未能做到高度谨慎注意义务，未能积极采取安全防护措施，且结合其入院病历可以看出，李甲在案发当日已感染某病毒，自身存在一定过失，应自担部分民事责任。

结合各方过错程度，法院对各方的民事责任划分为：王甲酌定承担 10%的责任即 42619.17 元；唐甲酌定承担 50%的责任即 213095.86 元；李甲自担 40%的责任即 170476.69 元。唐甲主张要求王甲、王乙支付工钱的抗辩，与本案无关，本院已在庭审中向其释明，应当另行起诉。综上，李甲的诉讼请求，具有事实和法律依据的部分，予以支持；其他部分，予以驳回。

福建省安溪县人民法院依照《中华人民共和国民法典》第一千一百六十五条、第一千一百九十二条、第一千一百九十三条，《最高人民法院关于审理人身损害赔偿案件适用法律若干问题的解释》第六条、第八条、第九条、第十一条，《中华人民共和国民事诉讼法》第六十七条及《最高人民法院关于适用〈中华人民共和国民事诉讼法〉的解释》第九十条规定，判决如下：

一、王甲应于判决生效之日起十日内赔偿李甲各项损失 42619.17 元；

二、唐甲应于判决生效之日起十日内赔偿李甲各项损失 213095.86 元；

三、驳回李甲的其他诉讼请求。

李甲、唐甲不服一审判决，提出上诉。

福建省泉州市中级人民法院认为一审判决认定事实清楚，适用法律正确，责任分配比例不当，予以调整。依照《中华人民共和国民事诉讼法》第一百七十七条第一款第二项规定，判决如下：

一、撤销福建省安溪县人民法院一审民事判决；

二、王甲应于本判决生效之日起十五日内赔偿李甲各项损失 85238.2 元；

三、唐甲应于本判决生效之日起十五日内赔偿李甲各项损失 191785.95 元；

四、驳回李甲的其他诉讼请求。

【法官后语】

本案的争议焦点本质在于王乙、王甲、唐甲在本案事故中应承担责任比例是多少？两级法院的生效裁判均以“过错”作为承担责任的依据，从原被告负有的义务以及在提供劳务过程中各方的过错入手，结合义务的失当、过错的大小与提供劳务者的损害结果之间的因果关系，以此确定多方承担赔偿责任的比例。

首先，与普通提供劳动者受害责任纠纷有所不同，在本案中，责任主体涉及多方，在判定责任主体间应承担责任份额大小前应先确认责任对象。

1. 接受劳务者认定。本案中，唐甲主张本人仅承包部分工程，外墙未包含在承包范围内而系以点工方式受房主雇佣，因此在李甲进行外墙贴砖时并未与其存在劳务关系。但本案中通过王乙预先支付唐甲装修款、账目清单记录内容及唐甲配偶胡甲向李甲支付工钱等证据链能证明，唐甲以包工不包料的方式承包装修房屋工程，与定作人构成承揽合同关系；承包后雇佣李甲从事贴砖活动，因此，唐甲与李甲之间构成劳务关系，以此认定唐甲是接受劳务一方。

2. 定作人认定。本案中，王甲、王乙是否作为定作人承担赔偿责任存在争议，关键在于将房子当成一个整体，还是分开的问题，根据现有的证据来看，双方对于房屋除厅、埕、大门共有外，其余左右两侧房屋各自所有，从无异议，且已经以30号、31号门牌号来区分，产权清楚明确。加上双方在房屋装修项目清单、费用上均分开计算，可以印证王乙关于兄弟二人已经分家，房屋装修各自分开、费用各自承担的主张。法院的现场勘验笔录及庭审中各方当事人的陈述，均可认定，李甲摔伤系发生在王甲所有的房屋外墙处。故王乙并非定作人，王甲系定作人，王乙对李甲的损失也不承担定作人责任。

其次，在本案中，关于损害赔偿责任的划分问题，主要是各方过错的大小与提供劳务者的损害结果之间的因果关系。

1. 唐甲作为接受劳务一方，根据《中华人民共和国民法典》第一千一百九十二条第一款规定：个人之间形成劳务关系……提供劳务一方因劳务受到损害的，根据双方各自的过错承担相应的责任。在接受劳务过程中有提供充分安全劳动条件、采取安全防护措施的义务，在本案中，唐甲作为接受劳务一方未能提供充分安全劳动条件，采取安全防护措施，对提供劳务者遭受损害存在过错，应承担相应的民事赔偿责任。

2. 被告王甲作为定作人，是工作场所、工具提供人，在施工时应尽到安全警示义务。而本案中王甲在提供作业工具（贴砖所用的脚手架）时，未能尽到安全警示义务，在指示上存在过失。根据《中华人民共和国民法典》第一千一百九十三条规定，承揽人在完成工作过程中造成第三人损害或者自己损害的，定作人不承担侵权责任。但是，定作人对定作、指示或者选任有过错的，应当承担相应的责任。

3. 原告李甲作为完全民事行为能力人，在上脚手架施工时，带病上工，其作为装修老师傅，有丰富经验，应十分清楚带病工作的危险性，未能做到高度谨慎注意义务，也未积极采取安全防护措施，对于损害结果，存在一定过失，应自担部分民事责任。

最后，关于二审法院调整责任分配比例不当的分析，主要是王甲作为定作人，提供案涉简易脚手架，未能采取其他安全保障措施，存在过错，其行为与损害结果的发生有更直接的关系，应当承担相应的责任。

编写人：福建省安溪县人民法院　刘燕虹

五、赔偿协议与标准

30

超龄人员能否主张按照工伤保险待遇标准对其损失进行赔付

——胡某甲诉甲建筑劳务有限公司、胡某乙提供劳务者受害责任案

【案件基本信息】

1. 裁判书字号

四川省绵阳市中级人民法院（2022）川07民终4831号民事裁定书

2. 案由：提供劳务者受害责任纠纷

3. 当事人

原告（被上诉人）：胡某甲

被告（上诉人）：甲建筑劳务有限公司

被告（被上诉人）：胡某乙

【基本案情】

乙建设公司于2020年初承包了某水库支渠整治工程，后乙建设公司将全部劳务分包给被告甲建筑劳务有限公司进行施工，后甲建筑劳务有限公司于2020年10月7日与胡某乙签订了《建设工程施工劳务分包合同》，将施工图及工程量清单包含的全部劳务内容再次分包给被告胡某乙个人，具体施工由胡某乙雇

佣工人完成。2020年11月，胡某乙雇请原告胡某甲到所分包的渠段做工。2020年12月26日上午，胡某甲在工地拆除模板时，摔下水渠内受伤。胡某甲当日被送至医院住院治疗至2021年1月14日，用去医疗费18412.66元，已由胡某乙支付。

胡某甲之女委托司法鉴定所对胡某甲伤残等级及误工期、护理期、营养期进行鉴定，司法鉴定所于2021年4月20日作出《法医学司法鉴定意见书》。本次鉴定，胡某甲支付鉴定费2621元。

2021年11月6日，乙建设公司与甲建筑劳务有限公司补签了《建筑工程施工劳务分包合同》，合同分别加盖了乙建设公司和甲建筑劳务有限公司的印章及双方代表人签名。

2022年3月28日，胡某甲向人力资源和社会保障局申请工伤认定，人力资源和社会保障局于同日作出《工伤认定申请不予受理通知书》。2022年3月31日，胡某甲向劳动人事争议仲裁委员会申请劳动争议仲裁，劳动人事争议仲裁委员会于同日作出《不予受理通知书》。

2022年4月6日，胡某甲以提供劳务者受害责任纠纷向法院提起对乙建设公司的民事诉讼案件，要求乙建设公司按照工伤待遇向其赔偿各项损失。

【案件焦点】

1. 原告的损失是否应按照工伤保险标准进行赔付；2. 赔偿义务主体的确认；3. 原告的各项赔偿如何确认。

【法院裁判要旨】

四川省三台县人民法院经审理认为：首先，关于原告的损失是否应按照工伤保险标准进行赔付的问题。甲建筑劳务有限公司承包施工项目后，又将该项目分包给不具有相应资质的胡某乙，胡某甲受胡某乙的雇请在所分包的工地作业过程中受伤，甲建筑劳务有限公司认为胡某甲受伤时已年满64周岁，不是《工伤保险条例》的主体，应当按照人身损害赔偿标准进行赔偿，但根据《最高人民法院行政审判庭关于超过法定退休年龄的进城务工农民因工伤亡的，应否适用〈工伤保险条例〉请示的答复》规定："用人单位聘用的超过法定退休年龄的务工农民，在工作时间内、因工作原因伤亡的，应当适用《工伤保险条例》的有关规定进行工伤认定。"从上述答复精神可以看出，将超过法定退休年龄人员纳入工伤认定范畴，是基于对我国社会现状中超过法定退休年龄人员广泛就业的现实情况综合考量的结果，故对甲建筑劳务有限公司的辩论意见，不予采纳。

其次，关于赔偿义务主体的确认问题。甲建筑劳务有限公司将建设工程施工项目分包给不具有相应资质的胡某乙，其行为违反相关法律法规规定，依照《人力资源社会保障部关于执行〈工伤保险条例〉若干问题的意见》第七条、《四川省工伤保险条例》第二十三条之规定，胡某甲要求甲建筑劳务有限公司参照《工伤保险条例》的相关规定进行赔偿，案由应当为工伤保险待遇纠纷，胡某甲要求甲建筑劳务有限公司参照《工伤保险条例》的相关规定进行赔偿的诉讼请求，符合相关规定，应予支持。胡某乙作为不具有用工主体资格的承包人应对胡某甲的损失连带赔偿责任。

四川省三台县人民法院依照《最高人民法院行政审判庭关于超过法定退休年龄的进城务工农民因工伤亡的，应否适用〈工伤保险条例〉请示的答复》，《工伤保险条例》第三十条、第三十三条、第三十四条、第三十七条，《人力资源社会保障部关于执行〈工伤保险条例〉若干问题的意见》第七条，《四川省工伤保险条例》第二十三条，《四川省高级人民法院民一庭关于审理劳动争议案件若干疑难问题的解答》第十三条，《中华人民共和国民事诉讼法》第四十条第二款、第一百四十五条、第一百六十三条之规定，判决如下：

一、由被告甲建筑劳务有限公司于本判决生效之日起十日内向原告胡某甲给付因工受伤的赔偿金 97416 元；

二、由被告胡某乙对上述款项连带赔偿责任；

三、驳回原告胡某甲的其他诉讼请求。

甲建筑劳务有限公司不服一审判决，提出上诉。案件审理中，其申请撤回上诉，四川省绵阳市中级人民法院作出民事裁定书，准许其撤回上诉。

【法官后语】

目前，在司法实践中，基于超龄人员工伤保险赔付的争议问题，主要有以下几点：

一、超龄人员与用人单位之间用工关系的争议

对于超龄人员与用人单位之间用工关系的认定，《最高人民法院关于审理劳动争议案件适用法律问题的解释（一）》第三十二条规定，用人单位与其招用的已经依法享受养老保险待遇或者领取退休金的人员发生用工争议而提起诉讼的，人民法院应当按劳务关系处理。该条规定确立了以是否已经依法享受养老保险待遇或领取退休金作为双方劳务关系成立与否的标准，但该条只明确了已享受养老保险待遇或领取退休金的人员与用人单位之间的法律关系，对于达到法定退休年龄的劳动者没有依法享受基本养老保险待遇的超龄人员与用人单位之间的法律关系并未提及。所以在实践中对于上述情形还存在争议，需结合其他法律规定来判断用工关系。

二、超龄人员是否应按照工伤保险标准进行赔付问题

目前在实务中对超龄人员是否应按照工伤保险标准进行赔付问题裁判的依据主要有以下几条：一是根据最高人民法院行政审判庭先后发布的批复，即《最高人民法院行政审判庭关于超过法定退休年龄的进城务工农民因工伤亡的，应否适用〈工伤保险条例〉请示的答复》；二是依据《人力资源社会保障部关于执行〈工伤保险条例〉若干问题的意见（二）》第二条。从上述批复及规定可以看出将超过法定退休年龄人员纳入工伤认定范畴，是基于对我国社会现状中超过法定退休年龄人员广泛就业的现实情况综合考量的结果。因此，在支持超龄劳动者工伤认定的立场下，法官在审理过程中基本会引用上述规定。

三、超龄劳动者是否享受一次性伤残就业补助金待遇的问题

目前，在司法实践中关于超龄劳动者是否享受一次性伤残就业补助金待遇的问题，不同的地域或者法官也存在差异，一是以退休年龄为准，即超过退休年龄，则推定为不再享有一次性伤残就业补助金。例如，根据《四川省工伤保险条例》第三十五条中的规定：“距法定退休年龄不足五年的，一次性伤残就业补

助金按照年龄每增加一周岁递减支付。”二是以达到退休年龄并按月领取养老金作为条件，例如，《天津市工伤保险若干规定》第二十九条中规定，工伤职工解除劳动（聘用）合同或者终止劳动（人事）关系时，已达到法定退休年龄并符合按月领取养老金条件的，不支付一次性工伤医疗补助金和一次性伤残就业补助金。三是以是否办理退休手续作为条件，例如，《辽宁省工伤保险实施办法》第三十九条第二款规定，“五级至十级伤残职工达到法定退休年龄并办理退休手续的，不享受一次性工伤医疗补助金和一次性伤残就业补助金……”，从该规定可以看出必须满足达到法定退休年龄并办理退休手续两个条件。四是支持一次性伤残就业补助金赔付，该赔付不以年龄作为标准，认为根据《工伤保险条例》第一条的规定，工伤保险的目的是一种保障制度，一次性伤残就业补助金是对劳动者因工受伤后的补偿，只要认定用人单位应按照工伤保险标准进行赔付，其就有权获得一次性伤残就业补助金，并不以其年龄及是否已领取养老金为条件。

编写人：四川省三台县人民法院　赵青海　姚倩倩

31

提供劳务者受害责任纠纷当属侵权责任纠纷，应以填补损害为宗旨

——阿某、祖某诉张某提供劳务者受害责任案

【案件基本信息】

1. 裁判书字号

新疆生产建设兵团焉耆垦区人民法院（2021）兵 0203 民初 662 号民事判决书

2. 案由：提供劳务者受害责任纠纷

3. 当事人

原告：阿某、祖某

被告：张某

【基本案情】

2021年4月21日，张某（甲方）与艾某、阿某（乙方）签订《雇佣合同》，主要约定“甲方从2021年5月1日聘用乙方放羊，聘用期为一年；甲方承担乙方的吃住；乙方2人的月薪共计3500元”等内容。2021年7月19日，艾某在山上骑马赶羊过程中，从马背上坠落，一条腿拴在绳子上被马拖行，后从马上跌落在地。阿某2发现后进行照顾，后辗转联系上被告张某，张某上山将艾某送至医院，经检查已经身亡。案涉马匹系他人所有，脾气不好。

2021年6月12日，张某为艾某购买了个人人身意外伤害保险。艾某身亡后，阿某出具了书面说明“同意获得某保险公司理赔金作为补偿”，保险公司支付了300000元理赔款。2021年7月22日，张某向艾某的哥哥微信转账10000元用以办理丧葬事宜。2021年7月19日，艾某身亡后，阿某不再为张某放羊，但张某向其支付了7月份全部劳务费。

2018年12月12日，艾某与努某离婚，婚生子祖某（2017年11月29日出生）由努某抚养。2019年12月18日，艾某与阿某结婚，双方无子女。艾某的父母分别于2019年7月11日、2010年10月9日去世。

【案件焦点】

1. 死者与被告之间应如何承担责任；2. 原告主张的各项损失有无事实及法律依据，是否应以填补损害为宗旨。

【法院裁判要旨】

新疆生产建设兵团焉耆垦区人民法院经审理认为：依据《中华人民共和国民法典》等相关法律规定，提供劳务者受害责任纠纷当属侵权责任纠纷，应以填补损害为宗旨，因此，对于人身受到伤害的提供劳务者而言，无论通过哪种渠道获得救济，只要最终能够弥补损失即可。虽然接受劳务者不是涉案保险合同利益的直接享有者即被保险人，无权以自己的名义直接请求保险公司给付保险金，但是根据公平原则，接受劳务者出资为提供劳务者购买人身意外伤害保险的目的即是确保提供劳务者在遭受意外伤害时及时获得赔偿，减轻或者免除自己的赔偿责任。

新疆生产建设兵团焉耆垦区人民法院依照《中华人民共和国民法典》第一千一百七十三条、第一千一百七十九条、第一千一百八十三条第一款、第一千一百九十二条，《最高人民法院关于审理人身损害赔偿案件适用法律若干问题的解释》第六条、第七条、第八条、第九条、第十条、第十五条、第十七条、第二十三条，《最高人民法院关于确定民事侵权精神损害赔偿责任若干问题的解释》第一条、第五条，《最高人民法院关于适用〈中华人民共和国民事诉讼法〉的解释》第九十条的规定，判决如下：

一、被告张某于本判决生效之日起五日内赔偿原告阿某各项经济损失299315.36元；

二、驳回原告阿某的其他诉讼请求。

宣判后，双方当事人均未上诉，一审判决已经生效。

【法官后语】

一、死者与被告之间应如何承担责任

提供劳务者受害责任纠纷是指个人之间存在劳务关系的前提下，提供劳务的一方因劳务活动自身受到伤害的，在提供劳务一方向接受劳务一方主张损害赔偿时，由双方根据各自的过错程度承担相应的民事责任。如今随着经济高速发展，劳务关系也更加普遍，但由于无安全措施、未开展安全扇骨营的情况时有发生，因此，无论是作为提供劳务一方还是作为接受劳务一方，都应承担相应责任。作为提供劳务者要强化风险防范意识，严格按照规定提供劳务，同时应当注意提升自身劳动技能和安全保障意识，避免意外的发生；作为接受劳务者应尽到安全管理义务，为提供劳务者提供足够的安全保障措施，在雇请工人从事一定危险性工作时，应当对提供劳务者进行岗前技能及安全教育等培训，确保安全防范措施到位，从源头上预防事故发生。本案中，艾某与张某签订有《雇佣合同》，再结合案外人阿某2的询问笔录可以确定艾某是在赶羊过程中坠马身亡的。张某作为接受劳务者和雇佣合同的受益者，应当对提供劳务者尽到安全教育及提示义务，即便按其在庭审中陈述的山区不适宜骑马放羊，其也未提供证据证实向艾某进行告知，故应当对艾某在提供劳务过程中身亡造成的损失承担主要责任。艾某骑的系他人的马，且该马脾气不好，艾某作为成年人对其危险性应有认知，其未对自身安全尽到合理注意义务，导致坠马身亡，存在一定过错，应适当减轻张某的赔偿责任。结合双方过错程度，本案酌定艾某承担35%的责任，张某承担65%的责任。

二、原告主张的各项损失有无事实及法律依据，是否应以填补损害为宗旨

为了规避案件当事人恶意通过诉讼进行营利性活动，损害赔偿的基本目的在于填补被侵权人所受到的损害，对于损害赔偿原则上应依据填平原则进行处理。本案中，双方均同意适用新疆维吾尔自治区的相关赔偿标准计算损失，死亡赔偿金、丧葬费、被抚养人生活费均按照标准计算，交通费无票据由法院酌定，精神损害赔偿金原告诉求合理予以支持。且该案中，张某为艾某购买人身意外伤害保险，其目的是减轻、分散自己的责任，且原告阿某也同意将理赔款作为补偿，因此张某所应承担的赔偿金数额是从张某应当承担的支付比例范围内的赔偿金总额减去保险理赔款后的数额。

编写人：新疆生产建设兵团焉耆垦区人民法院　夏依旦·米吉提

32

提供劳务者受害责任案件中单位接受劳务者与自然人提供劳务者责任主体及过错责任的认定

——盛某诉甲大学、某物业服务公司提供劳务者受害责任案

【案件基本信息】

1. 裁判书字号

新疆生产建设兵团第八师中级人民法院（2024）兵08民终211号民事判决书

2. 案由：提供劳务者受害责任纠纷

3. 当事人

原告（被上诉人）：盛某

被告（上诉人）：甲大学

被告（被上诉人）：某物业服务公司

【基本案情】

2022年7月4日，甲大学（甲方）与某物业服务公司（乙方）签订《甲大学楼宇管理服务外包采购项目合同》（东区、南区）一份，双方约定甲方将甲大学部分楼宇保洁、楼管服务业务整体对外招标，乙方为中标方，按照国家相关法律法规、部门规章及规范性文件与技术标准的要求，甲方与乙方经自愿平等协商一致，制定本服务外包合同。服务区域：东区一栋六号学生宿舍、东五号学生宿舍、东三交流中心3号楼、东四交流中心博士楼、东一号文学楼、东二号艺术楼、体育馆、经管学院楼。服务内容为：楼宇大门、地面、洗卫间、楼梯、扶手、电梯、窗户、内墙、墙裙、踢脚线、配电箱、宣传栏、消防设施、

公共教室、公共桌椅及楼外玻璃墙等，楼宇周围 5 米之内的基础保洁，楼宇四周自行车的规范摆放。服务费用和支付方式：按月计算，平均每月服务费 132066.66 元，每年总服务费 1584800 元。乙方的主要义务……乙方负责选派和组织员工为甲方提供服务，依法为员工发放工资和支付相关待遇并依法缴纳各项社会保险费用……本案所涉及的东区 4 号宿舍楼保洁和楼宇管理服务包含在上述服务范围内。盛某系某物业服务公司选派为甲大学提供服务的员工。

2023 年 2 月 15 日下午，某物业服务公司安排盛某在甲大学东区 4 号楼外铲雪。盛某完成上述任务后，甲大学工学部宿舍管理员齐甲安排盛某从事东区 4 号楼室内挂窗帘工作，双方约定，每间房挂一副窗帘为 6 元。在开始工作前，齐甲叮嘱盛某在挂窗帘时要有人扶着，盛某应允。甲大学没有为盛某配备挂窗帘踩踏设施设备，盛某通过脚踩窗台的方式挂窗帘，并没有找他人扶着。18 时许，盛某在独自挂装东区 4 号宿舍楼 128 室窗帘时，不慎从窗台上摔倒在地面上并受伤。由于身体疼痛无法动弹，遂向在附近工作的同事张甲打电话求救。张甲到场后，将盛某扶起来送至宿舍。后盛某打车到甲医院检查，经诊断，盛某左侧胸关节分离；左肱骨向斜上位移，肱骨头外侧见数条骨折线。原告委托某司法鉴定所对其伤残等级程度、误工期、护理期、营养期、后续诊疗费进行鉴定。鉴定意见：（1）被鉴定人盛某左侧肱骨近端骨折、左肩关节脱位致左侧肩关节功能部分丧失的损伤已构成十级伤残；（2）被鉴定人盛某左侧肱骨近端骨折，行手术内固定治疗，后期可行内固定物取出术，需后续医疗费用约为 10000 元；（3）需误工期为 270 日，护理期为 90 日，营养期为 90 日（包括后续取出骨折内固定所需三期时限）。

【案件焦点】

盛某与甲大学是劳务关系还是劳动关系。

【法院裁判要旨】

新疆维吾尔自治区石河子市人民法院经审理认为：行为人因过错侵害他人民事权益造成损害的，应当承担侵权责任。被侵权人对损害的发生存在过错的，可以减轻侵权人的责任。根据本案查明的事实，甲大学工学部宿管员齐甲安排某物业服务公司选派为甲大学提供保洁服务的盛某从事本职工作以外的在甲大学室内悬挂窗帘的工作，并约定每副窗帘悬挂费6元。因齐甲系甲大学员工，其安排盛某挂窗帘系履行甲大学的职务行为，且盛某挂窗帘的劳务费最终由甲大学支付，故甲大学与盛某之间形成雇佣合同关系。

盛某在发生此次事故之前为甲大学挂过窗帘，具有一定的工作经验，且盛某作为完全民事行为能力人对自己独自挂窗帘的安全性，应当有一定的预见力，盛某在工作过程中不慎摔倒，显然有主观上的疏忽，其未尽到对自身安全的审慎注意义务，亦存在过错，可以减轻甲大学的责任。甲大学未能提供证据证明其已尽到合理限度内的管理义务，存在过错。结合当事人的过错程度，法院对盛某受伤的损害后果，酌情确定由甲大学对盛某的损失负60%的责任，盛某应自行负40%的责任为宜。

因盛某受伤系在履行甲大学雇佣期间安排的工作中所致，某物业服务公司对盛某的此次受伤没有过错，盛某要求某物业服务公司在本案中承担责任的诉讼请求，法院不予支持。因盛某后续治疗费尚未发生，其可在实际发生后另行主张。

新疆维吾尔自治区石河子市人民法院依照《中华人民共和国民法典》第一千一百六十五条、第一千一百七十九条、第一千一百八十三条、第一千一百九十一条、第一千一百九十二条，《最高人民法院关于审理人身损害赔偿案件适用法律若干问题的解释》第六条、第七条、第八条、第九条、第十条、第十一条、第十二条、第二十三条，《最高人民法院关于确定民事侵权精神损害赔偿责任若干问题的解释》第一条、第五条之规定，作出如下判决：

一、被告甲大学于本判决生效之日起十五日内赔偿并给付原告盛某损失107101.36元；

二、被告甲大学于本判决生效之日起十五日内赔偿并给付原告盛某精神损害抚慰金3000元；

三、驳回原告盛某要求被告某物业服务公司在本案中承担责任的诉讼请求。

甲大学不服一审判决，提起上诉。

新疆生产建设兵团第八师中级人民法院同意一审法院裁判意见，判决：

驳回上诉，维持原判。

【法官后语】

提供劳务者受害责任分为个人之间建立的劳务关系和个人与非个人之间形成的劳务关系两种。本案则属于个人与非个人之间形成的劳务关系。

一、个人与非个人之间形成劳务关系的主要情形

1. 个人向劳务用工单位提供临时性劳务的。劳务双方没有建立劳动关系的合意，劳务内容具有临时性且并非用工单位的主营业务组成部分，故双方之间并不构成劳动关系，应为劳务关系。

2. 达到、超过法定退休年龄的劳动者被用工单位聘用的情况。劳动者退休后依法享受养老保险待遇或领取退休金，不再属于劳动法意义上的劳动者。用工单位招用已经达到、超过法定退休年龄或已经享受养老保险待遇或领取退休金的人员，则与之形成劳务关系，而非劳动关系。

3. 依法未被确认劳动关系的其他情形。提供劳务者主张与用工单位间存在劳动关系而申请工伤认定，但经法定程序未确认为劳动关系的，可主张与用工单位建立劳务关系要求单位承担损害赔偿责任。

4. 对于在工程建设施工过程和其他合同中，存在多轮承包、发包转手关系的，人民法院在审理具有该类型案件过程中，依据当事人申请或依职权追加相关当事人一并审理为妥，以便查清各方当事人之间的法律关系，避免遗漏必要诉讼主体。本案中，原告根据被告甲大学单位的工作人员临时安排从事为被告甲大学挂窗帘劳务，原告与被告甲大学之间形成临时性的劳务关系。

二、对提供劳务受到损害的事实的认定问题

提供劳务者受到损害的情形包括：(1) 在从事日常工作过程中受到损害；(2) 在从事接受劳务方指定的临时性工作中受到损害；(3) 在工作环境中接触有害因素而造成损害；(4) 紧急情况下，虽然未经接受劳务方指示但为接受方利益，在所从事的工作中受到损害；(5) 在工作时间和区域内或者在工作结束

后的合理时间内，因工作原因诱发疾病导致死亡；(6) 乘坐接受劳务方安排的交通工具往返工作地点途中遭受损害；(7) 在接受劳务方安排的住宿地遭受火灾、爆炸等意外伤害；(8) 因工作原因或者接受劳务方原因与他人发生纠纷而被他人侵害的。通过本案查明的事实，我们认为，原告系在从事接受劳务者被告甲大学指定的临时性工作过程中受到的损害。

三、自然人与非个人之间劳务关系适用的归责原则

自然人与非个人劳务关系中的归责原则，根据现行《中华人民共和国民法典》的规定，存在较大争议。在审判实践中存在两种观点，一种观点认为，与个人劳务关系适用的归责原则无异，在非个人劳务关系中同样适用过错责任归责原则，以提供劳务者的一般过错进行过失相抵，进而判定接受劳务方的责任比例。另一种观点认为，对于非个人劳务关系的责任，应当适用无过错责任原则，即在提供劳务者因劳务遭受损害的，由接受劳务者一方承担全部赔偿责任。笔者认为，根据《中华人民共和国民法典》第一千一百九十一条第一款规定，用人单位的工作人员因执行工作任务造成他人损害的，由用人单位承担侵权责任。用人单位承担侵权责任后，可以向有故意或者重大过失的工作人员追偿。根据该条规定，除与用人单位建立劳动关系的工作人员之外的其他工作人员即为单位从事劳务的人员，该工作人员与单位之间建立了非个人之间的劳务关系。在审判实践中，人民法院在处理非个人劳务关系的提供劳务者受害责任纠纷中，目前应当适用无过错的归责原则，首先由用工单位对提供劳务者因劳务受到的损害承担赔偿责任。若提供劳务者在提供劳务过程中存在故意或重大过失的，则可以减轻或免除用工单位的赔偿责任。本案中，法院根据本案查明的事实，依照相关法律规定判决由存在重大过错的原告自行承担40%的责任，接受劳务者的被告甲大学承担60%的责任。

编写人：新疆维吾尔自治区石河子市人民法院 杜世成

六、义务帮工的认定与责任承担

33

侵权人的继承人明确放弃继承，不承担民事责任，但侵权人的遗产在处置时应当按照义务帮工人受害责任比例赔偿造成的损失

——李某诉兰某、某村村委会义务帮工人受害责任案

【案件基本信息】

1. 裁判书字号

湖北省来凤县人民法院（2023）鄂 2827 民初 2530 号民事判决书

2. 案由：义务帮工人受害责任纠纷

3. 当事人

原告：李某

被告：兰某、某村村委会

第三人：唐甲、唐乙、唐丙、唐丁、唐戊、唐己

【基本案情】

2021 年 11 月 14 日上午，唐 A、张 A 夫妇（已经死亡）雇请兰某及颜甲和李某为其伐树砍柴。根据分工，兰某自己带油锯伐树，颜甲负责搬运树木，李某负责修剪树枝。在伐树作业过程中，兰某砍伐的树木倒下砸伤李某。李某受

伤后被送到甲医院住院治疗22天，后因伤势好转出院后又在乙医院继续治疗。李某在甲医院、乙医院住院医疗费共计11820.33元。李某于2022年2月向某鉴定中心对自己的伤残等级及误工期、护理期、营养期申请司法鉴定。该中心鉴定意见为：（1）李某胸部损伤不构成残疾，Th3、Th4二椎体压缩性骨折（压缩性均达1/3）伤残程度为八级；（2）李某伤后误工期为150日、伤后护理期为60日、伤后营养期为60日（均自2021年11月14日起计算）。用去鉴定费2100元。

李某诉称其与颜甲、兰某等给唐A夫妇砍树伐木，每天每人工资100元，但不能举证证明。

唐A与张A死亡后，李某因其赔偿问题不能得到解决，遂以唐A、张A的子女即唐甲等及兰某为被告向法院起诉，庭审中唐甲等均表示没有继承唐A、张A的遗产，也明确表示放弃继承唐A、张A的遗产。2022年12月20日，李某向法院撤诉，法院裁定准许李某撤诉。2023年9月6日，李某再次诉于法院，要求兰某、某村村委会向原告赔偿住院期间的医疗费等损失共计195491.13元并承担本案的诉讼费用。

另查明，死者唐A、张A生前在距离某村村委会不远处修建一栋砖墙瓦面的房子三间，但未办理任何建房手续。原、被告及第三人均没有证据证明死者唐A、张A还有其他遗产，也没有证据证明第三人唐甲等已经继承了唐A、张A的任何遗产。

【案件焦点】

李某的损失由谁赔偿。

【法院裁判要旨】

湖北省来凤县人民法院经审理认为：本案中，唐A、张A雇请李某，双方形成劳务关系，因没有证据证明唐A、张A给李某等支付工资，应认定李某与兰某等为义务帮工。李某在义务帮工中受伤，唐A、张A作为接受劳务者理应承担相应民事赔偿责任。虽然李某系兰某所砍树倒下致伤，但兰某也系义务帮工，其责任应由接受劳务者承担。兰某不应承担民事赔偿责任。李某在帮工中对自己的安全未尽到注意义务，故对其受伤也应承担相应民事责任。《中华人民共和国民法典》规定没有继承人或者继承人均放弃继承的，由被继承人生前所在地的民政部门或者村民委员会担任遗产管理人。因接受劳务者唐A、张A已经死亡，本案第三人唐甲等系二人的子女，为其财产继承人，但唐甲等均表示放弃财产继承权，且辩称没有继承任何遗产，李某也没有证据证明唐甲等已经继承了其父母的遗产，且死者唐A、张A仅有的遗产为一栋砖墙瓦面三间房屋，唐A的子女均表示放弃该栋房屋的继承，某村村委会应为唐A、张A的遗产管理人。李某的损失共计192291.13元，由唐A、张A赔偿60%即115374.68元。该损失在某村村委会所管理的唐A、张A遗产范围内予以赔偿。

湖北省来凤县人民法院依照《中华人民共和国民法典》第一千一百四十五条、第一千一百七十九条、第一千一百九十二条、第一千一百七十三条，《最高人民法院关于审理人身损害赔偿案件适用法律若干问题的解释》第六条、第七条、第八条、第十条、第十一条、第十二条及《中华人民共和国民事诉讼法》第六十七条、第一百四十五条、第一百四十七条之规定，判决如下：

一、李某的各项损失192291.13元，由唐A、张A赔偿115374.68元，因唐A、张A死亡，该损失在某村村委会所管理的唐A、张A遗产范围内予以赔偿，限于本判决生效后十日内履行；

二、驳回李某的其他诉讼请求。

一审宣判后，双方当事人均未上诉，一审判决已发生法律效力。

【法官后语】

本案主要涉及义务帮工人在义务帮工过程中受到损害由谁赔偿及遗产管理人制度问题。

在日常生活中，常常会因有事而找人帮忙，这种善意的帮工，尤其在农村地区非常普遍。如邻里之间相互帮忙收割稻谷、修缮房屋、本案中的帮忙砍树等。这种帮忙是为他人无偿提供劳务的行为，在法律上属于义务帮工范畴。认定帮工活动一般应以不取报酬、无偿提供劳务为前提，即帮工人的出发点是基于帮助行为。被帮工人成为受益人，帮工活动的结果是被帮工人获得相应利益。作为一种人身损害赔偿责任，义务帮工致害责任应当符合一定的构成要件，具体如下：(1) 义务帮工活动的客观存在。帮工事实行为的客观存在是义务帮工活动的基础。(2) 人身损害的客观事实。生命权、健康权、身体权受到损害的客观事实，是构成义务帮工人身损害赔偿责任的前提。(3) 帮工活动与人身损害的因果关系。在义务帮工人身损害赔偿责任中，对帮工活动与人身损害的因果关系采用相当因果关系说，即只要帮工人在帮工活动中为完成帮工活动致人损害或受到人身损害的，就应当认定为有因果关系。(4) 归责原则。义务帮工人受害责任实行过错责任原则。被帮工人原则上应当对无偿帮工人在提供帮工活动时自身遭受的损害承担法定责任，但应当考虑双方的过错，即根据《中华人民共和国民法典》第一千一百七十三条“被侵权人对同一损害的发生或者扩大有过错的，可以减轻侵权人的责任”的规定，实行过失相抵，即当帮工人有过错时，应当减轻被帮工人的相应责任。判决被帮工人对帮工人承担赔偿责任，既符合法律，也与情理吻合，还有利于弘扬助人为乐的社会风尚。本案中，李某在本次事故中构成义务帮工，接受劳务者作为被帮工人应当承担主要赔偿责任。义务帮工人李某未注意自身安全，亦应承担相应责任。

遗产管理制度，是指在继承开始后遗产交付前，有关主体依据法律规定或有关机关的指定，以维护遗产价值和遗产权利人合法利益为宗旨，对被继承人的遗产实施管理、清算的制度。遗产管理人是对死者的财产进行妥善保存和管理分配的人，不仅负有保管遗产的义务，还有清理遗产并制作遗产清单、向继承人报告遗产情况，采取必要措施防止遗产毁损、处理被继承人的债权债务、按照遗嘱或者依照法律规定分割遗产、实施与管理遗产有关的其他必要行为的职责。根据法律规定，没有继承人或继承人均放弃继承的，由被继承人生前住所地的民政部门或者村民委员会担任遗产管理人。遗产管理人制度是民法典继承编新增内容，该制度的设立对于打破遗产处理僵局、维护权利人合法权益、保障遗产有序分配、维护社会经济秩序稳定具有重要意义。当利害关系人对遗产管理人的确定有争议时，还可依法向人民法院申请指定遗产管理人。本案中，死者唐A、张A仅有的遗产为一栋砖墙瓦面三间房屋，唐A的子女均表示放弃该栋房子的继承，法院指定某村村委会为唐A、张A的遗产管理人符合法律规定，而李某的损失理应在某村村委会所管理的遗产中予以赔偿。

编写人：湖北省来凤县人民法院　杨静波

34

义务帮工行为与好意同乘行为的司法适用与界定

——杨甲等诉刘甲等侵权责任案

【案件基本信息】

1. 裁判书字号

河南省南阳市中级人民法院（2023）豫13民终3289号民事判决书

2. 案由：侵权责任纠纷

3. 当事人

原告（反诉被告、上诉人）：杨丙、杨甲、杨乙

被告（反诉原告、被上诉人）：刘甲、李甲、李乙、李丙、马某

【基本案情】

李己根据他人请托，无偿驾驶私人汽车载李丁、李戊前往医院就医，途中与王某驾驶的货车碰撞发生交通事故，造成李己、李丁、李戊死亡。事故发生后，交警作出道路交通事故认定书，认定：李己驾驶车辆在道路上行驶，未遵守安全驾驶、文明驾驶操作规范；未遵守机动车在道路上行驶不得超过限速标志、标线标明的车速，负事故的主要责任，王某负事故的次要责任，乘车人李丁、李戊、杨乙无责任。除各保险公司正常理赔外，驾乘双方亲属就造成侵权的赔偿事宜协商未果，后李戊的亲属杨丙等人将李己的亲属刘甲等人诉至法院。

原告杨丙等人诉称，李己通过中间人请托，开车送李戊就医，双方成立帮工关系，应适用过错责任原则。李己在交通事故中承担重大责任，需要承担70%的责任，五被告作为李己的第一顺序继承人，应承担相应的赔偿责任。故提起诉讼要求判令五被告以李己遗产实际价值为限赔偿损失22万余元。

被告刘甲等人辩称，原告已获得了30万元的保险金，该份保单是李己生前投保的保险，应当划分责任后进行冲抵。李己作为村干部，热心助人带他人就医途中发生交通事故应属意外事件，综观整个案件，原、被告均承受了失去亲人的痛苦，故应驳回原告的诉讼请求。同时，五被告提出反诉请求，要求判令原告赔偿被告各项损失27万余元。

【案件焦点】

因义务帮工人或好意同乘的驾驶者未尽到安全防范的注意义务，造成同乘者的人身安全受到损害的，驾驶人是否应当承担过错责任，具体承担赔偿责任应当如何认定。

【法院裁判要旨】

河南省南阳市西峡县人民法院经审理认为：根据《中华人民共和国民法典》第一千二百一十七条规定："非营运机动车发生交通事故造成无偿搭乘人损害，属于该机动车一方责任的，应当减轻其赔偿责任，但是机动车使用人有故意或者重大过失的除外。"本案中驾驶人李己出于朋友情谊专程无偿送他人到医院就医，但其作为驾驶人决定了其对同乘者的生命、财产负有一定的注意和保护义务，不能因为友善帮助他人便降低其履行安全驾驶的责任和义务。李己因其过错导致交通事故的发生，对造成李戊死亡的结果，应承担相应的法律责任。结合本案事实和法律规定，应当减轻在好意同乘中提供利他性帮助行为的驾驶人的赔偿责任，若让驾驶人承担全部责任，则对驾驶人不公平，可能导致人情冷漠、不利于弘扬社会主义核心价值观。综合考虑事发起因及过错程度，法院酌定李己承担10%的赔偿责任。五被告作为李己的继承人，应以所得遗产的实际价值为限向三原告承担偿付责任。结合原告提交的赔偿清单及本案查明事实确定了由于李戊的死亡给原告造成的医疗费、营养费、精神损害抚慰金等各项合理损失共计 839518.1 元，扣除原告已获赔付的乘客意外身故保险金 30 万元及交强险 8000 元等费用，剩余 459518.1 元的 10%应为 45951.81 元，该 45951.81 元应当由被告在继承李己遗产的实际价值内予以赔付。

河南省南阳市西峡县人民法院依照《中华人民共和国民法典》第一千一百六十一条第一款、第一千二百一十七条，《最高人民法院关于审理人身损害赔偿案件适用法律若干问题的解释》第四条、第五条、第六条、第八条、第九条、第十条、第十一条、第十四条、第十五条、第二十三条之规定，判决如下：

一、被告刘甲、李甲、李乙、李丙、马某于本判决生效后十日内赔偿原告杨丙、杨甲、杨乙 45951.81 元。

二、驳回原告杨丙、杨甲、杨乙的其他诉讼请求。

二、驳回反诉原告刘甲、李甲、李乙、李丙、马某的诉讼请求。

杨丙、杨甲、杨乙不服一审判决，提起上诉，河南省南阳市中级人民法院同意一审法院裁判意见，判决：

驳回上诉，维持原判。

【法官后语】

随着汽车的普及，亲友之间无偿搭乘成为常事，当产生侵权时车辆所有人、使用人、管理人与搭乘人之间形成的是义务帮工关系还是好意同乘关系，如何在司法裁判中体现社会主义核心价值观，笔者结合本案事实评析如下：

一、义务帮工行为的特征及归责原则

义务帮工通常是指帮工人为了满足被帮工人生产或生活需要，不以追求报酬为目的，自愿、无偿地为被帮工人提供劳务，并按被帮工人的意思在一定时间内完成某项工作成果的行为。义务帮工具有以下特征：(1) 无偿性。即帮工人不向对方要求给付任何报酬。(2) 具有互助、临时、一次性等特点。(3) 被帮工人对帮工人的帮工行为没有表示拒绝，是帮工人提供劳务的实际受益者。(4) 义务帮工是单务合同。即在无偿帮工关系中，仅要求帮工人一方负担给付义务，不需要对方负担给付义务。从《最高人民法院关于审理人身损害赔偿案件适用法律若干问题的解释》第五条规定中可以看出，无偿提供劳务的帮工人因帮工活动遭受人身损害的，根据帮工人和被帮工人各自的过错承担相应的责任，适用的是过错责任原则；被帮工人明确拒绝帮工的，被帮工人不承担赔偿责任，适用的是无过错责任原则。

二、好意同乘行为的特征及归责原则

好意同乘是指搭乘人经车辆所有人、使用人、管理人同意并无偿搭乘的行为。好意同乘具有以下特征：(1) 所搭乘的他人机动车并非为搭乘者的目的而运营或者行驶，而是为了运行人的目的，搭乘者的目的与机动车行驶的目的仅是顺路或者碰巧一致。(2) 搭乘者搭乘机动车为无偿，如果有偿则为客运合同所调整。(3) 同乘者应当经过运行人的同意，包括邀请和允许，未经同意而搭车者，不构成好意同乘。

根据《中华人民共和国民法典》第一千二百一十七条的规定，好意同乘的归责原则可以从三个层面加以理解。首先，好意同乘适用过错责任原则的归责原则。这样有助于推动人与人之间互相关爱帮助。其次，好意同乘构成减责事由。即可以减轻驾驶方对“无偿搭乘人”的赔偿责任。最后，好意同乘中，搭乘者的人身、财产安全处于驾驶员的控制范围之内，驾驶员应采取合理的措施保护搭乘者，若行为人具有侵权的故意或者重大过失，则不能仅以好意同乘作为减责事由。如果驾驶员应当采取措施而没有采取，或者驾驶员不具备驾驶资格、有不得驾驶车辆的情况，这些情况下，即使构成好意同乘，驾驶员也不能减轻赔偿责任。本案中，李己自驾车辆，无偿搭载李戊等人前往医院看病，因此双方之间既形成义务帮工关系，也形成好意同乘关系，且李己在交通事故中负主要过错责任，李戊等无责任，故此，法院依法认定李己继承人对李戊继承人承担过错赔偿责任。

三、司法裁判中对义务帮工与好意同乘行为的价值观体现

义务帮工与好意同乘均是社会生活中人与人之间相互帮助、相互关心的一种道德风尚，是应当提倡的传统美德。本案中，李己与李戊并不相识，李己驾驶的车辆也不属于营运机动车辆，李己系出于与李戊哥哥的朋友情谊专程无偿

送李戊到医院就医，李己作为案涉车辆的实际控制人，未遵守安全驾驶规范，导致本案事故发生，其应当承担相应的赔偿责任。但李己的身份与一般车辆驾驶员相比具有一定的特殊性，李己并不是以营利为目的的承运人身份驾驶车辆，其虽未完全尽到安全注意义务，但不构成故意或重大过失情形。按照上述法律规定，对提供利他性帮助行为的李己，应当减轻其赔偿责任。同时，如果发生在好意同乘中的侵权责任必须全面赔偿，既不利于鼓励他人助人为乐，也与提倡的社会价值观相悖。

编写人：河南省南阳市西峡县人民法院　肖新征　杨红　桂青翔

35

不符合事实劳动关系基本特征的学徒关系不构成劳动关系

——钱甲诉张甲等提供劳务者受害责任案

【案件基本信息】

1. 裁判书字号

福建省泉州市中级人民法院（2023）闽 05 民终 3255 号民事判决书

2. 案由：提供劳务者受害责任纠纷

3. 当事人

原告（上诉人）：钱甲

被告（上诉人）：张甲

被告（被上诉人）：张乙、张丙、董甲

【基本案情】

钱甲经张乙、张丙介绍向董甲学习操作挖掘机的技术。2020 年 10 月 11 日起钱甲便跟随董甲学习相关技术，2021 年 5 月 8 日，董甲在给挖掘机更换斗尺过程中，因不慎击飞铁屑造成钱甲眼睛受伤。当日，钱甲被送至甲医院住院治疗。2021 年 5 月 24 日，钱甲经治疗后出院，出院诊断结果为右眼球贯通伤。嗣后钱甲又两次到甲医院进行眼球后续治疗。三次住院共花费医药费 104103.75 元。经甲司法鉴定所鉴定，认定钱甲的伤残等级为八级伤残，误工期为 180 天，护理期限为 60 天。张甲、张乙、张丙、董甲存在合伙关系，共同经营挖掘机作业。四人在合伙体中所占份额为：张甲占 40%多、张乙占 10%、张丙占 10%、董甲占 30%多。合伙分工为：董甲负责现场操作，张甲负责后勤、财务，张丙负责运送配件，张乙负责其他业务。张乙系钱甲姑父，钱甲经张乙介绍向董甲学习操作挖掘机的技术，后董甲在给挖掘机更换斗尺过程中，因不慎击飞铁屑造成钱甲眼睛受伤。

【案件焦点】

1. 钱甲与张甲、张乙、张丙、董甲之间的关系；2. 钱甲因本案事故造成的损失应由谁赔偿，赔偿责任如何分配。

【法院裁判要旨】

福建省安溪县人民法院经审理认为：张甲系董甲的老板，董甲按照张甲的要求开展工作并获得报酬，故双方形成个人劳务关系。董甲在给挖掘机换斗尺的过程中，因不慎击飞铁屑造成学徒钱甲眼睛受伤。故本案案由应是提供劳务者致害责任纠纷。依据《中华人民共和国民法典》第一千一百九十二条第一款规定，个人之间形成劳务关系，提供劳务一方因劳务造成他人损害的，由接受劳务一方承担侵权责任。即本案接受劳务一方为张甲，其应承担 60%的主要责任并赔偿钱甲 271955.85 元。因董甲在更换斗尺过程中未尽到安全操作的义务，且未能督促钱甲采取有效的安全防范措施，主观上存在重大过失，故张甲承担侵权责任后，可以向董甲追偿。钱甲未能尽到审慎的注意义务，对事故的发生亦有过错，自行承担 40%的次要责任即 181303.9 元。法院对钱甲的其他诉讼请求不予支持。

福建省安溪县人民法院依照《中华人民共和国民法典》第一千零四条、第一千一百七十九条、第一千一百八十三条、第一千一百九十二条,《中华人民共和国民事诉讼法》第六十七条,《最高人民法院关于审理人身损害赔偿案件适用法律若干问题的解释》第六条、第七条、第八条、第九条、第十条、第十一条、第十二条,《最高人民法院关于确定民事侵权精神损害赔偿责任若干问题的解释》第五条,判决如下:

一、张甲应赔偿钱甲医疗费等各项损失共计 271955.85 元,该款项应于本判决生效之日起十日内支付;

二、张甲承担赔偿责任后,有权在其承担责任的范围内向董甲追偿;

三、驳回钱甲的其他诉讼请求。

钱甲、张甲不服一审判决,提起上诉。

二审另查明,张甲、张乙、张丙、董甲存在合伙关系,共同经营挖掘机作业。四人在合伙体中所占份额为:张甲占 40%多、张乙占 10%、张丙占 10%、董甲占 30%多。合伙分工为:董甲负责现场操作,张甲负责后勤、财务,张丙负责运送配件,张乙负责其他业务。张乙系钱甲姑父,钱甲经张乙介绍向董甲学习操作挖掘机的技术,后董甲在给挖掘机更换斗尺过程中,因不慎击飞铁屑造成钱甲眼睛受伤。

福建省泉州市中级人民法院经审理认为:

1. 关于钱甲与张甲、张乙、张丙、董甲是否承担本案责任问题。《中华人民共和国民法典》第一千一百九十二条第一款规定,个人之间形成劳务关系,提供劳务一方因劳务造成他人损害的,由接受劳务一方承担侵权责任。接受劳务一方承担侵权责任后,可以向有故意或者重大过失的提供劳务一方追偿。提供劳务一方因劳务受到损害的,根据双方各自的过错承担相应的责任。本案中,钱甲作为学徒随董甲学艺,在为合伙体(即张甲、张乙、张丙、董甲四人)提供劳务过程中受伤,作为接受劳务的一方,即张甲、张乙、张丙、董甲,应根据其过错承担相应责任。

2. 关于钱甲与张甲、张乙、张丙、董甲责任承担比例问题。本案中,董甲换斗尺过程中因不慎击飞铁屑导致钱甲眼球受伤。钱甲作为成年人，应具备安全操作知识，在董甲换斗尺过程中未站到安全区域，对此存在过错。而董甲作为师傅在换斗尺过程中，未遵守操作规范、未提醒钱甲远离作业点，也存在过错。一审根据双方当事人的过错程度，判令钱甲自行承担40%赔偿责任并无不当。钱甲认为其最多承担20%责任，缺乏依据，不予采信。张甲、张乙、张丙、董甲作为合伙人，在接受钱甲提供劳务过程中，造成钱甲受伤，对此应共同承担60%赔偿责任。

3. 一审法院基于钱甲的伤情情况，审核了相关票据及适用相应的赔偿标准，所确定钱甲包括医疗费、误工费、营养费、精神损害赔偿金等费用在内的各项经济损失的数额是恰当的，二审维持该认定。张甲上诉提出本案误工费、精神损害赔偿金数额认定有误，均缺乏事实和法律依据，亦不予采信。

综上所述，钱甲的上诉请求部分成立；张甲的上诉请求不能成立，应予驳回。

福建省泉州市中级人民法院依照《中华人民共和国民法典》第一千一百九十二条、《中华人民共和国民事诉讼法》第一百七十七条第一款第一项规定，判决如下：

一、撤销福建省安溪县人民法院一审民事判决；

二、张甲、张乙、张丙、董甲应于本判决生效之日起十日内支付钱甲医疗费等各项损失计271955.85元；

三、驳回钱甲的一审其他诉讼请求。

【法官后语】

根据《中华人民共和国劳动合同法》规定，建立劳动关系，应当订立书面劳动合同。已建立劳动关系，未同时订立书面劳动合同的，应当自用工之日起一个月内订立书面劳动合同。然而，在司法实践中，还存在许多没有及时签订劳动合同或者以帮工、学徒的身份提供劳动的劳动关系，并因此时常引发纠纷。本案中，钱甲既是学徒，也未与用人单位签订劳动合同，那么类似钱甲这种学徒关系能否构成劳动关系？劳动关系又该怎么认定？

一、劳动关系的认定

劳动关系可以通过劳动合同认定，未订立书面劳动合同但同时具备下列情形的，劳动关系成立：(1) 用人单位依法制定的各项劳动规章制度适用于劳动者，劳动者受用人单位的劳动管理，从事用人单位安排的有报酬的劳动；(2) 用人单位和劳动者符合法律、法规规定的主体资格；(3) 劳动者提供的劳动是用人单位业务的组成部分。

因此，要确认劳动关系，一是应具备人身从属性，即用人单位是否对劳动者实施了管理，劳动者是否需要遵守用人单位的规章制度，参与考勤打卡等；二是应具备经济从属性，即用人单位是否为劳动者提供了生产资料，工作场所是否由用人单位提供，用人单位有没有定期、持续为劳动者发放工资报酬；三是主体要适格，即用人单位为“企业、个体经济组织、民办非企业单位等组织”，劳动者为“达到法定就业年龄且未到退休年龄”的自然人；四是用人单位还需将劳动者纳入其生产组织中，且劳动者提供的劳动属于用人单位整体工作的一部分。

二、学徒关系能否构成劳动关系

所谓学徒，一般是指跟着某行业的前辈一起学习技能的新手。在现实生活中，帮工、学徒不在少数，他们为了学习手艺或者因为其他原因，不以获得劳动报酬为主要目的，向他人提供劳务。

虽然绝大部分学徒与用人单位之间未签订劳动合同，但签订书面劳动合同只是当事人建立劳动关系的方式之一，而不是建立劳动关系的必要条件。不论是否有书面劳动合同，只要有证据证明学徒期间双方的权利义务完全符合事实劳动关系的基本特征，如学徒为用人单位提供劳动、接受用人单位管理、遵守用人单位的劳动纪律、获得用人单位的劳动报酬、受到用人单位的劳动保护等，就应当保障劳动者的应有权利，属于劳动合同法所调整的劳动者的范畴。

本案例中，钱甲经张乙介绍向董甲学习操作挖掘机的技术，但根据一、二审法院查明的事实，董甲等人未向钱甲支付劳动报酬、双方并不存在人身或经济上的从属性，因此双方并不构成劳动关系，即钱甲这种仅以个人劳动向用人单位学习手艺的学徒，并不属于劳动关系。与此不同的是，部分用人单位通过招收“学徒”，经培训后上岗的形式招聘员工，例如理发店、饭店等，其存在底薪抽成、用工管理等，且双方之间还符合上述事实劳动关系的其他基本特征，此种学徒便属于劳动关系，受劳动合同法所调整。

综上所述，二审法院认为，钱甲为董甲等人提供劳务，接受其管理，双方之间形成劳务关系，钱甲作为学徒随董甲学艺，在为合伙体（即张甲、张乙、张丙、董甲四人）提供劳务过程中受伤，作为接受劳务的一方，即张甲、张乙、张丙、董甲，应根据其过错承担相应责任，判决认定事实清楚，适用法律正确，有力地保护了劳动者的合法权益。

编写人：福建省安溪县人民法院　苏明坡　谢坤特

36

农村义务帮工关系中举证责任分配及过错责任界定

——吕某甲诉吕某乙、吕某丙义务帮工人受害责任案

【案件基本信息】

1. 裁判书字号

福建省泉州市中级人民法院（2023）闽 05 民终 3390 号民事判决书

2. 案由：义务帮工人受害责任纠纷

3. 当事人

原告（被上诉人）：吕某甲

被告（上诉人）：吕某乙、吕某丙

【基本案情】

2021 年 6 月 27 日开始，吕某乙、吕某丙为其父办理丧事，吕某甲等众多

宗亲帮忙料理丧葬事宜。2021 年 7 月 3 日，吕某甲等人在收拾钢架遮雨棚时，遮雨棚倾倒，吕某甲受伤，后吕某甲被送往甲医院检查并急转至乙医院进行住院治疗 8 天，于 2021 年 7 月 12 日转入乙医院（康复科）继续住院治疗 22 天，于 2021 年 8 月 3 日出院，共计花费医疗费 105945.56 元。吕某乙、吕某丙先行垫付 15000 元。吕某甲于 2023 年 1 月 4 日申请对其伤残等级、误工期、出院后护理期、护理依赖程度、后续治疗费进行鉴定，一审法院依法委托甲司法鉴定中心进行鉴定，该鉴定中心于 2023 年 2 月 7 日出具司法鉴定意见书，鉴定意见为：（1）被鉴定人吕某甲外伤致脊髓损伤、双下肌力 0 级伴重度排便功能障碍与重度排尿功能障碍。依照《人体损伤致残程度分级》规定，评定为一级伤残。（2）被鉴定人吕某甲损伤后误工期为 576 日；出院后护理期为 546 日。（3）被鉴定人吕某甲需完全护理依赖。（4）被鉴定人吕某甲评残后护理依赖期限暂定为 10 年，后期如有需要再行评定。（5）被鉴定人吕某甲纸尿裤费用 4757 元/年。（6）被鉴定人吕某甲脊椎内固定若取出，治理费约为 12000 元。吕某甲支出鉴定费 4200 元。

【案件焦点】

义务帮工人和被帮工人的过错及责任比例如何认定。

【法院裁判要旨】

福建省永春县人民法院经审理认为：

1. 关于是否应追加吕某丁、吕某 A 为本案共同被告。本案系义务帮工人受害责任纠纷，被帮工人承担责任的前提是双方存在基础的帮工关系。吕某乙、吕某丙为其父亲办理丧事期间，案外人吕某丁无偿提供钢架遮雨棚给吕某乙、吕某丙使用，吕某甲及其父亲吕某 A 等人无偿为吕某乙、吕某丙帮忙，吕某乙、吕某丙并不支付服务费用，吕某甲与吕某乙、吕某丙之间形成义务帮工关系。吕某乙、吕某丙抗辩认为其已“明确拒绝”，与其申请的证人吕某 B、吕某 C 的陈述并不一致，不予采纳。吕某甲与吕某丁、吕某 A 之间并不存在帮工关系，吕某丁、吕某 A 并非必须共同进行诉讼的当事人，且吕某甲不同意追加吕某丁、吕某 A 为共同被告，吕某乙、吕某丙的追加申请理由不成立，应予驳回。

2. 关于如何确定吕某甲的损失金额。根据吕某甲提供的医疗费发票、病历材料、甲司法鉴定中心鉴定意见等确定，吕某甲因本事故造成的损失为：医疗费 105945.56 元、残疾辅助器具费 2600 元、营养费 10000 元、住院伙食补助费 1500 元、误工费 123217.92 元、护理费 904057.92 元、后续治疗费 12000 元、纸尿裤费用 47450 元、残疾赔偿金 1076340 元、精神损害抚慰金 50000 元、鉴定费 4200 元，合计 2337311.4 元。甲司法鉴定中心于 2023 年 2 月 7 日出具的鉴定意见为，吕某甲评残后护理依赖期限暂定为 10 年，后期如有需要再行评定。吕某甲主张保留 10 年后的护理依赖、纸尿裤的赔偿诉权，如后期仍需护理，吕某甲可另行起诉。

3. 关于如何认定双方过错及责任比例。吕某甲作为完全民事行为能力人，对在收拾遮雨棚的过程中可能存在的安全隐患和危险应具有预见能力，并应采取合理的安全措施避免意外，但其在收拾过程中未注意观察，未尽到自身安全注意义务，存在一定过错，应自行承担一定责任。吕某乙、吕某丙关于明确拒绝帮工的陈述，与证人证言陈述不一致，不予采纳。吕某乙、吕某丙在庭审中称，遮雨棚重达千斤，平时收拾遮雨棚均由吕某丁的两个儿子完成。可见，吕某乙、吕某丙对收拾遮雨棚的危险具有预见能力，但并未尽到安全提醒义务，亦存在相应过错，对吕某甲的损失应承担相应的赔偿责任。经综合评判，酌定由吕某甲自行承担 60%的责任，吕某乙、吕某丙共同承担 40%的责任，即吕某乙、吕某丙应共同赔偿吕某甲经济损失 2337311.4 元×40%＝934924.56 元，扣除吕某乙、吕某丙先行垫付的 15000 元，实际应再支付 919924.56 元。

福建省永春县人民法院依照《中华人民共和国民法典》第七条、第一千一百七十九条、第一千一百七十三条、第一千一百八十三条第一款，《最高人民法院关于审理人身损害赔偿案件适用法律若干问题的解释》第一条、第五条第一款、第六条、第七条、第八条、第九条、第十条、第十一条、第十二条、第十三条，《中华人民共和国民事诉讼法》第十三条、第六十七条第一款之规定，作出如下判决：

一、吕某乙、吕某丙应于判决生效之日起十日内赔偿吕某甲经济损失 919924.56 元；

二、驳回吕某甲的其他诉讼请求。

吕某乙、吕某丙不服一审判决，提出上诉。

福建省泉州市中级人民法院经审理认为：

1. 本案系吕某甲在无偿为吕某乙、吕某丙帮忙收遮雨棚的过程中遭受伤害引发的纠纷，吕某甲与吕某乙、吕某丙之间形成义务帮工法律关系。吕某 A 系吕某甲父亲，吕某丁系雨棚的所有权人，与本案事故的发生无法律上的利害关系，吕某甲亦未向其提出诉求，吕某乙、吕某丙请求追加吕某 A、吕某丁为被告，无事实和法律依据，不予支持。

2. 一审根据吕某甲的申请依法委托甲司法鉴定中心对其伤残等级、误工期、出院后护理期、护理依赖程度、后续治疗费进行鉴定，该鉴定程序符合法律的规定，所得出的鉴定结论客观公正，吕某乙、吕某丙对鉴定意见有异议，但在未能提出初步的反驳证据或申请重新鉴定的情形下，该鉴定意见合法有效，依法可以作为本案的定案依据。一审认定吕某甲因本次事故造成的各项损失共计 2337311.4 元，理据充分，在此不再赘述。

3. 根据《最高人民法院关于审理人身损害赔偿案件适用法律若干问题的解释》第五条第一款“无偿提供劳务的帮工人因帮工活动遭受人身损害的，根据帮工人和被帮工人各自的过错承担相应的责任；被帮工人明确拒绝帮工的，被帮工人不承担赔偿责任，但可以在受益范围内予以适当补偿”的规定，帮工人的损失应根据过错原则予以认定。本案中，吕某甲作为吕某乙、吕某丙的宗亲，根据风俗习惯帮忙吕某乙、吕某丙料理丧葬事宜，本身并无过错，但其作为一名具有完全民事行为能力的成年人，在帮工时也应量力而行，面对操作复杂且体积庞大的雨棚，明知其并非收纳雨棚的专业人员，也没有收纳雨棚的相关经验和能力，在未能采取足够安全防护措施的情形下，擅自进行收纳作业，最终导致了危险后果的发生，其对自身损害后果的发生具有重大过错，应当自行承担相应的责任。吕某乙、吕某丙作为被帮工人一方，在本案事故发生之前曾使用过雨棚，知晓非专业人员收纳雨棚具有一定的危险性，但根据证人吕某 B 及吕某 C 的陈述，吕某乙、吕某丙仅仅交代吕某 B 不用收纳雨棚，并未明确通知其他帮工人，对本案事故的发生亦存在一定的过错，综合各方的过错程度，法院酌定吕某甲对自己的损失承担 80%的责任，吕某乙、吕某丙对吕某甲的损失承担 20%的责任，即吕某乙、吕某丙应赔偿吕某甲损失 467462. 28 元，因吕某乙、吕某丙已先行支付 15000 元，还应再支付 452462. 28 元。一审认定吕某乙、吕某丙对吕某甲的损失承担 40%的责任，有失公允，予以改判。

综上所述，吕某乙、吕某丙的上诉请求部分成立，应予部分支持；一审判决认定事实清楚，但认定责任比例有误，应予改判。

福建省泉州市中级人民法院依照《中华人民共和国民事诉讼法》第一百七十七条第一款第二项规定，判决如下：

一、撤销福建省永春县人民法院一审民事判决；

二、吕某乙、吕某丙应于本判决生效之日起十日内赔偿吕某甲经济损失 452462. 28 元；

三、驳回吕某甲的其他诉讼请求。

【法官后语】

“诚信、友善”是社会主义核心价值观在公民个人层面的价值准则，应当成为公民基本的行为规范与道德标准。在农村，亲朋好友之间互相帮助非常普遍，特别是农忙季节和婚丧嫁娶期间。但在帮助过程中，往往因为一些意外造成人身损害。本案例主要针对的是帮工人因帮工活动遭受非第三人的人身损害，责任主体范围限于帮工人和被帮工人。法院在审理义务帮工人受害责任纠纷过程中，厘清举证责任的分配、权衡赔偿责任的分担，不仅有利于查明案件事实，还有利于弘扬社会主义道德风尚。

一、“明确拒绝”的举证证明规则

《最高人民法院关于审理人身损害赔偿案件适用法律若干问题的解释》第五条第一款规定，无偿提供劳务的帮工人因帮工活动遭受人身损害的，根据帮工人和被帮工人各自的过错承担相应的责任；被帮工人明确拒绝帮工的，被帮工人不承担赔偿责任，但可以在受益范围内予以适当补偿。可以看出，被帮工人未明确拒绝帮工，帮工人在提供帮工过程中受伤的，被帮工人应对帮工人的损害承担赔偿责任。关键是如何认定“明确拒绝”这一情节，对此，我国没有相关的司法解释。在无偿帮工人因帮工受到人身损害的情况下，被帮工人以其明确拒绝帮工而不应当承担赔偿责任为由抗辩的，举证责任应如何分担。本案中，原告已经就自己无偿为吕某乙、吕某丙提供帮工的行为，因帮工受损的客观事实、人身损害与帮工活动存在因果关系进行了充分的举证。根据“谁主张，谁举证”的原则，吕某乙、吕某丙应举证证明其已明确拒绝帮工的事实成立，吕某乙、吕某丙默认了帮工行为，且并未加以阻止，应视为未明确拒绝，就应当承担对无偿帮工人相应的赔偿责任。将明确拒绝帮工的证明责任分配给被帮工人，与抗辩人抗辩理由成立承担证明责任的要求相一致，这种归责原则也符合受益和风险相一致的原则。

二、帮工行为的主观意思表示

义务帮工必须是帮工人出于情谊等因素为被帮工人提供劳务，其主观目的是维系双方之间的感情，获得他人认可等人身价值，并非为了获取金钱、礼品等经济利益，帮工人与被帮工人在帮工前及帮工后都不曾对帮工人提供的劳务价值应支付的款项进行约定。义务帮工关系是指无偿、自愿为他人处理事务，从而与他人形成的法律关系，帮工人提供无偿劳务的行为体现了社会生活中人与人之间相互帮助、相互关心的道德风尚。本案中，吕某甲作为吕某乙、吕某丙的宗亲，根据风俗习惯帮忙吕某乙、吕某丙料理丧葬事宜，帮忙收拾遮雨棚的行为是善意的合法行为，应认定为义务帮工行为，其与吕某乙、吕某丙形成义务帮工关系。

三、过错及责任比例的权衡

“无偿提供劳务的帮工人因帮工活动遭受人身损害的，根据帮工人和被帮工人各自的过错承担相应的责任”，可见，帮工活动中被帮工人的赔偿责任适用过错责任原则。准确地区分帮工人的过错及损害与帮工活动存在的关系可以对被帮工人应否承担责任及承担责任的比例进行准确的界定。

义务帮工人在帮工活动中应注意自我保护，如因自身疏忽大意而受伤，根据其过错程度，也应承担相应的责任。该案例中吕某甲作为吕某乙、吕某丙的宗亲，根据风俗习惯帮忙吕某乙、吕某丙料理丧葬事宜，本身并无过错，但其作为一名具有完全民事行为能力的成年人，在帮工时也应量力而行，面对操作复杂且体积庞大的雨棚，明知其并非收纳雨棚的专业人员，也没有收纳雨棚的相关经验和能力，在未能采取足够安全防护措施的情形下，擅自进行收纳作业，最终导致了危险后果的发生，其对自身损害后果的发生具有重大过错，应当自行承担相应的责任。吕某乙、吕某丙作为被帮工人一方，在本案事故发生之前曾使用过雨棚，知晓非专业人员收纳雨棚具有一定的危险性，但根据证人吕某B及吕某C的陈述，吕某乙、吕某丙仅仅交代吕某B不用收纳雨棚，并未明确通知其他帮工人，对本案事故的发生亦存在一定的过错。综合本案实际，由吕某乙、吕某丙对吕某甲的损失承担20%的责任较为适当。

义务帮工行为对社会良好风尚的建立，优秀传统美德的弘扬及增进彼此之间的感情具有积极的促进作用。但为了避免帮工行为造成不利后果，建议帮工人在提供义务帮工的过程中，提高自身注意义务，加强防范，安全帮工，防止受伤，被帮工人也要为帮工人创造安全的帮工环境，对帮工人的人身安全进行必要的保护和监督，切实保障帮工人的安全，防止因帮工人的善意帮工行为产生不良后果。

编写人：福建省永春县人民法院　曾琼婷　庄剑峰

附录

中华人民共和国民法典（节录）

（2020年5月28日第十三届全国人民代表大会第三次会议通过　2020年5月28日中华人民共和国主席令第45号公布　自2021年1月1日起施行）

第七编　侵权责任

第一章　一般规定

第一千一百六十四条　本编调整因侵害民事权益产生的民事关系。

第一千一百六十五条　行为人因过错侵害他人民事权益造成损害的，应当承担侵权责任。

依照法律规定推定行为人有过错，其不能证明自己没有过错的，应当承担侵权责任。

第一千一百六十六条　行为人造成他人民事权益损害，不论行为人有无过错，法律规定应当承担侵权责任的，依照其规定。

第一千一百六十七条　侵权行为危及他人人身、财产安全的，被侵权人有权请求侵权人承担停止侵害、排除妨碍、消除危险等侵权责任。

第一千一百六十八条　二人以上共同实施侵权行为，造成他人损害的，应当承担连带责任。

第一千一百六十九条　教唆、帮助他人实施侵权行为的，应当与行为人承担连带责任。

教唆、帮助无民事行为能力人、限制民事行为能力人实施侵权行为的，应当承担侵权责任；该无民事行为能力人、限制民事行为能力人的监护人未尽到监护职责的，应当承担相应的责任。

第一千一百七十条 二人以上实施危及他人人身、财产安全的行为，其中一人或者数人的行为造成他人损害，能够确定具体侵权人的，由侵权人承担责任；不能确定具体侵权人的，行为人承担连带责任。

第一千一百七十一条 二人以上分别实施侵权行为造成同一损害，每个人的侵权行为都足以造成全部损害的，行为人承担连带责任。

第一千一百七十二条 二人以上分别实施侵权行为造成同一损害，能够确定责任大小的，各自承担相应的责任；难以确定责任大小的，平均承担责任。

第一千一百七十三条 被侵权人对同一损害的发生或者扩大有过错的，可以减轻侵权人的责任。

第一千一百七十四条 损害是因受害人故意造成的，行为人不承担责任。

第一千一百七十五条 损害是因第三人造成的，第三人应当承担侵权责任。

第一千一百七十六条 自愿参加具有一定风险的文体活动，因其他参加者的行为受到损害的，受害人不得请求其他参加者承担侵权责任；但是，其他参加者对损害的发生有故意或者重大过失的除外。

活动组织者的责任适用本法第一千一百九十八条至第一千二百零一条的规定。

第一千一百七十七条 合法权益受到侵害，情况紧迫且不能及时获得国家机关保护，不立即采取措施将使其合法权益受到难以弥补的损害的，受害人可以在保护自己合法权益的必要范围内采取扣留侵权人的财物等合理措施；但是，应当立即请求有关国家机关处理。

受害人采取的措施不当造成他人损害的，应当承担侵权责任。

第一千一百七十八条 本法和其他法律对不承担责任或者减轻责任的情形另有规定的，依照其规定。

第二章 损害赔偿

第一千一百七十九条 侵害他人造成人身损害的，应当赔偿医疗费、护理费、交通费、营养费、住院伙食补助费等为治疗和康复支出的合理费用，以及因误工减少的收入。造成残疾的，还应当赔偿辅助器具费和残疾赔偿金；造成死亡的，还应当赔偿丧葬费和死亡赔偿金。

第一千一百八十条 因同一侵权行为造成多人死亡的，可以以相同数额确定死亡赔偿金。

第一千一百八十一条 被侵权人死亡的，其近亲属有权请求侵权人承担侵权责任。被侵权人为组织，该组织分立、合并的，承继权利的组织有权请求侵权人承担侵权责任。

被侵权人死亡的，支付被侵权人医疗费、丧葬费等合理费用的人有权请求侵权人赔偿费用，但是侵权人已经支付该费用的除外。

第一千一百八十二条 侵害他人人身权益造成财产损失的，按照被侵权人因此受到的损失或者侵权人因此获得的利益赔偿；被侵权人因此受到的损失以及侵权人因此获得的利益难以确定，被侵权人和侵权人就赔偿数额协商不一致，向人民法院提起诉讼的，由人民法院根据实际情况确定赔偿数额。

第一千一百八十三条 侵害自然人人身权益造成严重精神损害的，被侵权人有权请求精神损害赔偿。

因故意或者重大过失侵害自然人具有人身意义的特定物造成严重精神损害的，被侵权人有权请求精神损害赔偿。

第一千一百八十四条 侵害他人财产的，财产损失按照损失发生时的市场价格或者其他合理方式计算。

第一千一百八十五条 故意侵害他人知识产权，情节严重的，被侵权人有权请求相应的惩罚性赔偿。

第一千一百八十六条 受害人和行为人对损害的发生都没有过错的，依照法律的规定由双方分担损失。

第一千一百八十七条 损害发生后，当事人可以协商赔偿费用的支付方式。协商不一致的，赔偿费用应当一次性支付；一次性支付确有困难的，可以分期支付，但是被侵权人有权请求提供相应的担保。

第三章 责任主体的特殊规定

第一千一百八十八条 无民事行为能力人、限制民事行为能力人造成他人损害的，由监护人承担侵权责任。监护人尽到监护职责的，可以减轻其侵权责任。

有财产的无民事行为能力人、限制民事行为能力人造成他人损害的，从本人财产中支付赔偿费用；不足部分，由监护人赔偿。

第一千一百八十九条 无民事行为能力人、限制民事行为能力人造成他人损害，监护人将监护职责委托给他人的，监护人应当承担侵权责任；受托人有过错的，承担相应的责任。

第一千一百九十条 完全民事行为能力人对自己的行为暂时没有意识或者失去控制造成他人损害有过错的，应当承担侵权责任；没有过错的，根据行为人的经济状况对受害人适当补偿。

完全民事行为能力人因醉酒、滥用麻醉药品或者精神药品对自己的行为暂时没有意识或者失去控制造成他人损害的，应当承担侵权责任。

第一千一百九十一条 用人单位的工作人员因执行工作任务造成他人损害的，由用人单位承担侵权责任。用人单位承担侵权责任后，可以向有故意或者重大过失的工作人员追偿。

劳务派遣期间，被派遣的工作人员因执行工作任务造成他人损害的，由接受劳务派遣的用工单位承担侵权责任；劳务派遣单位有过错的，承担相应的责任。

第一千一百九十二条 个人之间形成劳务关系，提供劳务一方因劳务造成他人损害的，由接受劳务一方承担侵权责任。接受劳务一方承担侵权责任后，可以向有故意或者重大过失的提供劳务一方追偿。提供劳务一方因劳务受到损害的，根据双方各自的过错承担相应的责任。

提供劳务期间，因第三人的行为造成提供劳务一方损害的，提供劳务一方有权请求第三人承担侵权责任，也有权请求接受劳务一方给予补偿。接受劳务一方补偿后，可以向第三人追偿。

第一千一百九十三条 承揽人在完成工作过程中造成第三人损害或者自己损害的，定作人不承担侵权责任。但是，定作人对定作、指示或者选任有过错的，应当承担相应的责任。

第一千一百九十四条 网络用户、网络服务提供者利用网络侵害他人民事权益的，应当承担侵权责任。法律另有规定的，依照其规定。

第一千一百九十五条 网络用户利用网络服务实施侵权行为的，权利人有权通知网络服务提供者采取删除、屏蔽、断开链接等必要措施。通知应当包括构成侵权的初步证据及权利人的真实身份信息。

网络服务提供者接到通知后，应当及时将该通知转送相关网络用户，并根据构成侵权的初步证据和服务类型采取必要措施；未及时采取必要措施的，对损害的扩大部分与该网络用户承担连带责任。

权利人因错误通知造成网络用户或者网络服务提供者损害的，应当承担侵权责任。法律另有规定的，依照其规定。

第一千一百九十六条 网络用户接到转送的通知后，可以向网络服务提供者提交不存在侵权行为的声明。声明应当包括不存在侵权行为的初步证据及网络用户的真实身份信息。

网络服务提供者接到声明后，应当将该声明转送发出通知的权利人，并告知其可以向有关部门投诉或者向人民法院提起诉讼。网络服务提供者在转送声明到达权利人后的合理期限内，未收到权利人已经投诉或者提起诉讼通知的，应当及时终止所采取的措施。

第一千一百九十七条 网络服务提供者知道或者应当知道网络用户利用其网络服务侵害他人民事权益，未采取必要措施的，与该网络用户承担连带责任。

第一千一百九十八条 宾馆、商场、银行、车站、机场、体育场馆、娱乐场所等经营场所、公共场所的经营者、管理者或者群众性活动的组织者，未尽到安全保障义务，造成他人损害的，应当承担侵权责任。

因第三人的行为造成他人损害的，由第三人承担侵权责任；经营者、管理者或者组织者未尽到安全保障义务的，承担相应的补充责任。经营者、管理者或者组织者承担补充责任后，可以向第三人追偿。

第一千一百九十九条 无民事行为能力人在幼儿园、学校或者其他教育机构学习、生活期间受到人身损害的，幼儿园、学校或者其他教育机构应当承担侵权责任；但是，能够证明尽到教育、管理职责的，不承担侵权责任。

第一千二百条 限制民事行为能力人在学校或者其他教育机构学习、生活期间受到人身损害，学校或者其他教育机构未尽到教育、管理职责的，应当承担侵权责任。

第一千二百零一条 无民事行为能力人或者限制民事行为能力人在幼儿园、学校或者其他教育机构学习、生活期间，受到幼儿园、学校或者其他教育机构以外的第三人人身损害的，由第三人承担侵权责任；幼儿园、学校或者其他教育机构未尽到管理职责的，承担相应的补充责任。幼儿园、学校或者其他教育机构承担补充责任后，可以向第三人追偿。

工伤保险条例

（2003 年 4 月 27 日中华人民共和国国务院令第 375 号公布　根据 2010 年 12 月 20 日《国务院关于修改〈工伤保险条例〉的决定》修订）

第一章　总　则

第一条 为了保障因工作遭受事故伤害或者患职业病的职工获得医疗救治和经济补偿，促进工伤预防和职业康复，分散用人单位的工伤风险，制定本条例。

第二条 中华人民共和国境内的企业、事业单位、社会团体、民办非企业单位、基金会、律师事务所、会计师事务所等组织和有雇工的个体工商户（以下称用人单位）应当依照本条例规定参加工伤保险，为本单位全部职工或者雇工（以下称职工）缴纳工伤保险费。

中华人民共和国境内的企业、事业单位、社会团体、民办非企业单位、基金会、律师事务所、会计师事务所等组织的职工和个体工商户的雇工，均有依照本条例的规定享受工伤保险待遇的权利。

第三条 工伤保险费的征缴按照《社会保险费征缴暂行条例》关于基本养老保险费、基本医疗保险费、失业保险费的征缴规定执行。

第四条 用人单位应当将参加工伤保险的有关情况在本单位内公示。

用人单位和职工应当遵守有关安全生产和职业病防治的法律法规，执行安全卫生规程和标准，预防工伤事故发生，避免和减少职业病危害。

职工发生工伤时，用人单位应当采取措施使工伤职工得到及时救治。

第五条 国务院社会保险行政部门负责全国的工伤保险工作。

县级以上地方各级人民政府社会保险行政部门负责本行政区域内的工伤保险工作。

社会保险行政部门按照国务院有关规定设立的社会保险经办机构（以下称经办机构）具体承办工伤保险事务。

第六条 社会保险行政部门等部门制定工伤保险的政策、标准，应当征求工会组织、用人单位代表的意见。

第二章　工伤保险基金

第七条 工伤保险基金由用人单位缴纳的工伤保险费、工伤保险基金的利息和依法纳入工伤保险基金的其他资金构成。

第八条 工伤保险费根据以支定收、收支平衡的原则，确定费率。

国家根据不同行业的工伤风险程度确定行业的差别费率，并根据工伤保险费使用、工伤发生率等情况在每个行业内确定若干费率档次。行业差别费率及行业内费率档次由国务院社会保险行政部门制定，报国务院批准后公布施行。

统筹地区经办机构根据用人单位工伤保险费使用、工伤发生率等情况，适用所属行业内相应的费率档次确定单位缴费费率。

第九条 国务院社会保险行政部门应当定期了解全国各统筹地区工伤保险基金收支情况，及时提出调整行业差别费率及行业内费率档次的方案，报国务院批准后公布施行。

第十条 用人单位应当按时缴纳工伤保险费。职工个人不缴纳工伤保险费。

用人单位缴纳工伤保险费的数额为本单位职工工资总额乘以单位缴费费率之积。

对难以按照工资总额缴纳工伤保险费的行业，其缴纳工伤保险费的具体方式，由国务院社会保险行政部门规定。

第十一条 工伤保险基金逐步实行省级统筹。

跨地区、生产流动性较大的行业，可以采取相对集中的方式异地参加统筹地区的工伤保险。具体办法由国务院社会保险行政部门会同有关行业的主管部门制定。

第十二条 工伤保险基金存入社会保障基金财政专户，用于本条例规定的工伤保险待遇，劳动能力鉴定，工伤预防的宣传、培训等费用，以及法律、法规规定的用于工伤保险的其他费用的支付。

工伤预防费用的提取比例、使用和管理的具体办法，由国务院社会保险行政部门会同国务院财政、卫生行政、安全生产监督管理等部门规定。

任何单位或者个人不得将工伤保险基金用于投资运营、兴建或者改建办公场所、发放奖金，或者挪作其他用途。

第十三条 工伤保险基金应当留有一定比例的储备金，用于统筹地区重大事故的工伤保险待遇支付；储备金不足支付的，由统筹地区的人民政府垫付。储备金占基金总额的具体比例和储备金的使用办法，由省、自治区、直辖市人民政府规定。

第三章 工伤认定

第十四条 职工有下列情形之一的，应当认定为工伤：

（一）在工作时间和工作场所内，因工作原因受到事故伤害的；

（二）工作时间前后在工作场所内，从事与工作有关的预备性或者收尾性工作受到事故伤害的；

（三）在工作时间和工作场所内，因履行工作职责受到暴力等意外伤害的；

（四）患职业病的；

（五）因工外出期间，由于工作原因受到伤害或者发生事故下落不明的；

（六）在上下班途中，受到非本人主要责任的交通事故或者城市轨道交通、客运轮渡、火车事故伤害的；

（七）法律、行政法规规定应当认定为工伤的其他情形。

第十五条 职工有下列情形之一的，视同工伤：

（一）在工作时间和工作岗位，突发疾病死亡或者在 48 小时之内经抢救无效死亡的；

（二）在抢险救灾等维护国家利益、公共利益活动中受到伤害的；

（三）职工原在军队服役，因战、因公负伤致残，已取得革命伤残军人证，到用人单位后旧伤复发的。

职工有前款第（一）项、第（二）项情形的，按照本条例的有关规定享受工伤保险待遇；职工有前款第（三）项情形的，按照本条例的有关规定享受除一次性伤残补助金以外的工伤保险待遇。

第十六条 职工符合本条例第十四条、第十五条的规定，但是有下列情形之一的，不得认定为工伤或者视同工伤：

（一）故意犯罪的；

（二）醉酒或者吸毒的；

（三）自残或者自杀的。

第十七条 职工发生事故伤害或者按照职业病防治法规定被诊断、鉴定为职业病，所在单位应当自事故伤害发生之日或者被诊断、鉴定为职业病之日起 30 日内，向统筹地区社会保险行政部门提出工伤认定申请。遇有特殊情况，经报社会保险行政部门同意，申请时限可以适当延长。

用人单位未按前款规定提出工伤认定申请的，工伤职工或者其近亲属、工会组织在事故伤害发生之日或者被诊断、鉴定为职业病之日起 1 年内，可以直接向用人单位所在地统筹地区社会保险行政部门提出工伤认定申请。

按照本条第一款规定应当由省级社会保险行政部门进行工伤认定的事项，根据属地原则由用人单位所在地的设区的市级社会保险行政部门办理。

用人单位未在本条第一款规定的时限内提交工伤认定申请，在此期间发生符合本条例规定的工伤待遇等有关费用由该用人单位负担。

第十八条 提出工伤认定申请应当提交下列材料：

（一）工伤认定申请表；

（二）与用人单位存在劳动关系（包括事实劳动关系）的证明材料；

（三）医疗诊断证明或者职业病诊断证明书（或者职业病诊断鉴定书）。

工伤认定申请表应当包括事故发生的时间、地点、原因以及职工伤害程度等基本情况。

工伤认定申请人提供材料不完整的，社会保险行政部门应当一次性书面告知工伤认定申请人需要补正的全部材料。申请人按照书面告知要求补正材料后，社会保险行政部门应当受理。

第十九条 社会保险行政部门受理工伤认定申请后，根据审核需要可以对事故伤害进行调查核实，用人单位、职工、工会组织、医疗机构以及有关部门应当予以协助。职业病诊断和诊断争议的鉴定，依照职业病防治法的有关规定执行。对依法取得职业病诊断证明书或者职业病诊断鉴定书的，社会保险行政部门不再进行调查核实。

职工或者其近亲属认为是工伤，用人单位不认为是工伤的，由用人单位承担举证责任。

第二十条 社会保险行政部门应当自受理工伤认定申请之日起60 日内作出工伤认定的决定，并书面通知申请工伤认定的职工或者其近亲属和该职工所在单位。

社会保险行政部门对受理的事实清楚、权利义务明确的工伤认定申请，应当在15日内作出工伤认定的决定。

作出工伤认定决定需要以司法机关或者有关行政主管部门的结论为依据的，在司法机关或者有关行政主管部门尚未作出结论期间，作出工伤认定决定的时限中止。

社会保险行政部门工作人员与工伤认定申请人有利害关系的，应当回避。

第四章 劳动能力鉴定

第二十一条 职工发生工伤，经治疗伤情相对稳定后存在残疾、影响劳动能力的，应当进行劳动能力鉴定。

第二十二条 劳动能力鉴定是指劳动功能障碍程度和生活自理障碍程度的等级鉴定。

劳动功能障碍分为十个伤残等级，最重的为一级，最轻的为十级。

生活自理障碍分为三个等级：生活完全不能自理、生活大部分不能自理和生活部分不能自理。

劳动能力鉴定标准由国务院社会保险行政部门会同国务院卫生行政部门等部门制定。

第二十三条 劳动能力鉴定由用人单位、工伤职工或者其近亲属向设区的市级劳动能力鉴定委员会提出申请，并提供工伤认定决定和职工工伤医疗的有关资料。

第二十四条 省、自治区、直辖市劳动能力鉴定委员会和设区的市级劳动能力鉴定委员会分别由省、自治区、直辖市和设区的市级社会保险行政部门、卫生行政部门、工会组织、经办机构代表以及用人单位代表组成。

劳动能力鉴定委员会建立医疗卫生专家库。列入专家库的医疗卫生专业技术人员应当具备下列条件：

（一）具有医疗卫生高级专业技术职务任职资格；

（二）掌握劳动能力鉴定的相关知识；

（三）具有良好的职业品德。

第二十五条 设区的市级劳动能力鉴定委员会收到劳动能力鉴定申请后，应当从其建立的医疗卫生专家库中随机抽取3名或者5名相关专家组成专家组，由专家组提出鉴定意见。设区的市级劳动能力鉴定委员会根据专家组的鉴定意见作出工伤职工劳动能力鉴定结论；必要时，可以委托具备资格的医疗机构协助进行有关的诊断。

设区的市级劳动能力鉴定委员会应当自收到劳动能力鉴定申请之日起60日内作出劳动能力鉴定结论，必要时，作出劳动能力鉴定结论的期限可以延长30日。劳动能力鉴定结论应当及时送达申请鉴定的单位和个人。

第二十六条 申请鉴定的单位或者个人对设区的市级劳动能力鉴定委员会作出的鉴定结论不服的，可以在收到该鉴定结论之日起15日内向省、自治区、直辖市劳动能力鉴定委员会提出再次鉴定申请。省、自治区、直辖市劳动能力鉴定委员会作出的劳动能力鉴定结论为最终结论。

第二十七条 劳动能力鉴定工作应当客观、公正。劳动能力鉴定委员会组成人员或者参加鉴定的专家与当事人有利害关系的，应当回避。

第二十八条 自劳动能力鉴定结论作出之日起1年后，工伤职工或者其近亲属、所在单位或者经办机构认为伤残情况发生变化的，可以申请劳动能力复查鉴定。

第二十九条 劳动能力鉴定委员会依照本条例第二十六条和第二十八条的规定进行再次鉴定和复查鉴定的期限，依照本条例第二十五条第二款的规定执行。

第五章 工伤保险待遇

第三十条 职工因工作遭受事故伤害或者患职业病进行治疗，享受工伤医疗待遇。

职工治疗工伤应当在签订服务协议的医疗机构就医，情况紧急时可以先到就近的医疗机构急救。

治疗工伤所需费用符合工伤保险诊疗项目目录、工伤保险药品目录、工伤保险住院服务标准的，从工伤保险基金支付。工伤保险诊疗项目目录、工伤保险药品目录、工伤保险住院服务标准，由国务院社会保险行政部门会同国务院卫生行政部门、食品药品监督管理部门等部门规定。

职工住院治疗工伤的伙食补助费，以及经医疗机构出具证明，报经办机构同意，工伤职工到统筹地区以外就医所需的交通、食宿费用从工伤保险基金支付，基金支付的具体标准由统筹地区人民政府规定。

工伤职工治疗非工伤引发的疾病，不享受工伤医疗待遇，按照基本医疗保险办法处理。

工伤职工到签订服务协议的医疗机构进行工伤康复的费用，符合规定的，从工伤保险基金支付。

第三十一条 社会保险行政部门作出认定为工伤的决定后发生行政复议、行政诉讼的，行政复议和行政诉讼期间不停止支付工伤职工治疗工伤的医疗费用。

第三十二条 工伤职工因日常生活或者就业需要，经劳动能力鉴定委员会确认，可以安装假肢、矫形器、假眼、假牙和配置轮椅等辅助器具，所需费用按照国家规定的标准从工伤保险基金支付。

第三十三条 职工因工作遭受事故伤害或者患职业病需要暂停工作接受工伤医疗的，在停工留薪期内，原工资福利待遇不变，由所在单位按月支付。

停工留薪期一般不超过 12 个月。伤情严重或者情况特殊，经设区的市级劳动能力鉴定委员会确认，可以适当延长，但延长不得超过 12 个月。工伤职工评定伤残等级后，停发原待遇，按照本章的有关规定享受伤残待遇。工伤职工在停工留薪期满后仍需治疗的，继续享受工伤医疗待遇。

生活不能自理的工伤职工在停工留薪期需要护理的，由所在单位负责。

第三十四条 工伤职工已经评定伤残等级并经劳动能力鉴定委员会确认需要生活护理的，从工伤保险基金按月支付生活护理费。

生活护理费按照生活完全不能自理、生活大部分不能自理或者生活部分不能自理 3 个不同等级支付，其标准分别为统筹地区上年度职工月平均工资的

50%、40%或者30%。

第三十五条 职工因工致残被鉴定为一级至四级伤残的，保留劳动关系，退出工作岗位，享受以下待遇：

（一）从工伤保险基金按伤残等级支付一次性伤残补助金，标准为：一级伤残为27个月的本人工资，二级伤残为25个月的本人工资，三级伤残为23个月的本人工资，四级伤残为21个月的本人工资；

（二）从工伤保险基金按月支付伤残津贴，标准为：一级伤残为本人工资的90%，二级伤残为本人工资的85%，三级伤残为本人工资的80%，四级伤残为本人工资的75%。伤残津贴实际金额低于当地最低工资标准的，由工伤保险基金补足差额；

（三）工伤职工达到退休年龄并办理退休手续后，停发伤残津贴，按照国家有关规定享受基本养老保险待遇。基本养老保险待遇低于伤残津贴的，由工伤保险基金补足差额。

职工因工致残被鉴定为一级至四级伤残的，由用人单位和职工个人以伤残津贴为基数，缴纳基本医疗保险费。

第三十六条 职工因工致残被鉴定为五级、六级伤残的，享受以下待遇：

（一）从工伤保险基金按伤残等级支付一次性伤残补助金，标准为：五级伤残为18个月的本人工资，六级伤残为16个月的本人工资；

（二）保留与用人单位的劳动关系，由用人单位安排适当工作。难以安排工作的，由用人单位按月发给伤残津贴，标准为：五级伤残为本人工资的70%，六级伤残为本人工资的60%，并由用人单位按照规定为其缴纳应缴纳的各项社会保险费。伤残津贴实际金额低于当地最低工资标准的，由用人单位补足差额。

经工伤职工本人提出，该职工可以与用人单位解除或者终止劳动关系，由工伤保险基金支付一次性工伤医疗补助金，由用人单位支付一次性伤残就业补助金。一次性工伤医疗补助金和一次性伤残就业补助金的具体标准由省、自治区、直辖市人民政府规定。

第三十七条 职工因工致残被鉴定为七级至十级伤残的，享受以下待遇：

（一）从工伤保险基金按伤残等级支付一次性伤残补助金，标准为：七级伤残为13个月的本人工资，八级伤残为11个月的本人工资，九级伤残为9个月的本人工资，十级伤残为7个月的本人工资；

（二）劳动、聘用合同期满终止，或者职工本人提出解除劳动、聘用合同的，由工伤保险基金支付一次性工伤医疗补助金，由用人单位支付一次性伤残就业补助金。一次性工伤医疗补助金和一次性伤残就业补助金的具体标准由省、自治区、直辖市人民政府规定。

第三十八条 工伤职工工伤复发，确认需要治疗的，享受本条例第三十条、第三十二条和第三十三条规定的工伤待遇。

第三十九条 职工因工死亡，其近亲属按照下列规定从工伤保险基金领取丧葬补助金、供养亲属抚恤金和一次性工亡补助金：

（一）丧葬补助金为6个月的统筹地区上年度职工月平均工资；

（二）供养亲属抚恤金按照职工本人工资的一定比例发给由因工死亡职工生前提供主要生活来源、无劳动能力的亲属。标准为：配偶每月40%，其他亲属每人每月30%，孤寡老人或者孤儿每人每月在上述标准的基础上增加10%。核定的各供养亲属的抚恤金之和不应高于因工死亡职工生前的工资。供养亲属的具体范围由国务院社会保险行政部门规定；

（三）一次性工亡补助金标准为上一年度全国城镇居民人均可支配收入的20倍。

伤残职工在停工留薪期内因工伤导致死亡的，其近亲属享受本条第一款规定的待遇。

一级至四级伤残职工在停工留薪期满后死亡的，其近亲属可以享受本条第一款第（一）项、第（二）项规定的待遇。

第四十条 伤残津贴、供养亲属抚恤金、生活护理费由统筹地区社会保险行政部门根据职工平均工资和生活费用变化等情况适时调整。调整办法由省、自治区、直辖市人民政府规定。

第四十一条 职工因工外出期间发生事故或者在抢险救灾中下落不明的，从事故发生当月起3个月内照发工资，从第4个月起停发工资，由工伤保险基金向其供养亲属按月支付供养亲属抚恤金。生活有困难的，可以预支一次性工亡补助金的50%。职工被人民法院宣告死亡的，按照本条例第三十九条职工因工死亡的规定处理。

第四十二条 工伤职工有下列情形之一的，停止享受工伤保险待遇：

（一）丧失享受待遇条件的；

（二）拒不接受劳动能力鉴定的；

（三）拒绝治疗的。

第四十三条 用人单位分立、合并、转让的，承继单位应当承担原用人单位的工伤保险责任；原用人单位已经参加工伤保险的，承继单位应当到当地经办机构办理工伤保险变更登记。

用人单位实行承包经营的，工伤保险责任由职工劳动关系所在单位承担。

职工被借调期间受到工伤事故伤害的，由原用人单位承担工伤保险责任，但原用人单位与借调单位可以约定补偿办法。

企业破产的，在破产清算时依法拨付应当由单位支付的工伤保险待遇费用。

第四十四条 职工被派遣出境工作，依据前往国家或者地区的法律应当参加当地工伤保险的，参加当地工伤保险，其国内工伤保险关系中止；不能参加当地工伤保险的，其国内工伤保险关系不中止。

第四十五条 职工再次发生工伤，根据规定应当享受伤残津贴的，按照新认定的伤残等级享受伤残津贴待遇。

第六章 监督管理

第四十六条 经办机构具体承办工伤保险事务，履行下列职责：

（一）根据省、自治区、直辖市人民政府规定，征收工伤保险费；

（二）核查用人单位的工资总额和职工人数，办理工伤保险登记，并负责保存用人单位缴费和职工享受工伤保险待遇情况的记录；

（三）进行工伤保险的调查、统计；

（四）按照规定管理工伤保险基金的支出；

（五）按照规定核定工伤保险待遇；

（六）为工伤职工或者其近亲属免费提供咨询服务。

第四十七条 经办机构与医疗机构、辅助器具配置机构在平等协商的基础上签订服务协议，并公布签订服务协议的医疗机构、辅助器具配置机构的名单。具体办法由国务院社会保险行政部门分别会同国务院卫生行政部门、民政部门等部门制定。

第四十八条 经办机构按照协议和国家有关目录、标准对工伤职工医疗费用、康复费用、辅助器具费用的使用情况进行核查，并按时足额结算费用。

第四十九条 经办机构应当定期公布工伤保险基金的收支情况，及时向社会保险行政部门提出调整费率的建议。

第五十条 社会保险行政部门、经办机构应当定期听取工伤职工、医疗机构、辅助器具配置机构以及社会各界对改进工伤保险工作的意见。

第五十一条 社会保险行政部门依法对工伤保险费的征缴和工伤保险基金的支付情况进行监督检查。

财政部门和审计机关依法对工伤保险基金的收支、管理情况进行监督。

第五十二条 任何组织和个人对有关工伤保险的违法行为，有权举报。社会保险行政部门对举报应当及时调查，按照规定处理，并为举报人保密。

第五十三条 工会组织依法维护工伤职工的合法权益，对用人单位的工伤保险工作实行监督。

第五十四条 职工与用人单位发生工伤待遇方面的争议，按照处理劳动争议的有关规定处理。

第五十五条 有下列情形之一的，有关单位或者个人可以依法申请行政复议，也可以依法向人民法院提起行政诉讼：

（一）申请工伤认定的职工或者其近亲属、该职工所在单位对工伤认定申请不予受理的决定不服的；

（二）申请工伤认定的职工或者其近亲属、该职工所在单位对工伤认定结论不服的；

（三）用人单位对经办机构确定的单位缴费费率不服的；

（四）签订服务协议的医疗机构、辅助器具配置机构认为经办机构未履行有关协议或者规定的；

（五）工伤职工或者其近亲属对经办机构核定的工伤保险待遇有异议的。

第七章　法律责任

第五十六条　单位或者个人违反本条例第十二条规定挪用工伤保险基金，构成犯罪的，依法追究刑事责任；尚不构成犯罪的，依法给予处分或者纪律处分。被挪用的基金由社会保险行政部门追回，并入工伤保险基金；没收的违法所得依法上缴国库。

第五十七条　社会保险行政部门工作人员有下列情形之一的，依法给予处分；情节严重，构成犯罪的，依法追究刑事责任：

（一）无正当理由不受理工伤认定申请，或者弄虚作假将不符合工伤条件的人员认定为工伤职工的；

（二）未妥善保管申请工伤认定的证据材料，致使有关证据灭失的；

（三）收受当事人财物的。

第五十八条　经办机构有下列行为之一的，由社会保险行政部门责令改正，对直接负责的主管人员和其他责任人员依法给予纪律处分；情节严重，构成犯罪的，依法追究刑事责任；造成当事人经济损失的，由经办机构依法承担赔偿责任：

（一）未按规定保存用人单位缴费和职工享受工伤保险待遇情况记录的；

（二）不按规定核定工伤保险待遇的；

（三）收受当事人财物的。

第五十九条　医疗机构、辅助器具配置机构不按服务协议提供服务的，经办机构可以解除服务协议。

经办机构不按时足额结算费用的，由社会保险行政部门责令改正；医疗机构、辅助器具配置机构可以解除服务协议。

第六十条 用人单位、工伤职工或者其近亲属骗取工伤保险待遇，医疗机构、辅助器具配置机构骗取工伤保险基金支出的，由社会保险行政部门责令退还，处骗取金额 2 倍以上 5 倍以下的罚款；情节严重，构成犯罪的，依法追究刑事责任。

第六十一条 从事劳动能力鉴定的组织或者个人有下列情形之一的，由社会保险行政部门责令改正，处 2000 元以上 1 万元以下的罚款；情节严重，构成犯罪的，依法追究刑事责任：

（一）提供虚假鉴定意见的；

（二）提供虚假诊断证明的；

（三）收受当事人财物的。

第六十二条 用人单位依照本条例规定应当参加工伤保险而未参加的，由社会保险行政部门责令限期参加，补缴应当缴纳的工伤保险费，并自欠缴之日起，按日加收万分之五的滞纳金；逾期仍不缴纳的，处欠缴数额 1 倍以上 3 倍以下的罚款。

依照本条例规定应当参加工伤保险而未参加工伤保险的用人单位职工发生工伤的，由该用人单位按照本条例规定的工伤保险待遇项目和标准支付费用。

用人单位参加工伤保险并补缴应当缴纳的工伤保险费、滞纳金后，由工伤保险基金和用人单位依照本条例的规定支付新发生的费用。

第六十三条 用人单位违反本条例第十九条的规定，拒不协助社会保险行政部门对事故进行调查核实的，由社会保险行政部门责令改正，处 2000 元以上 2 万元以下的罚款。

第八章　附　则

第六十四条 本条例所称工资总额，是指用人单位直接支付给本单位全部职工的劳动报酬总额。

本条例所称本人工资，是指工伤职工因工作遭受事故伤害或者患职业病前12个月平均月缴费工资。本人工资高于统筹地区职工平均工资300%的，按照统筹地区职工平均工资的300%计算；本人工资低于统筹地区职工平均工资60%的，按照统筹地区职工平均工资的60%计算。

第六十五条 公务员和参照公务员法管理的事业单位、社会团体的工作人员因工作遭受事故伤害或者患职业病的，由所在单位支付费用。具体办法由国务院社会保险行政部门会同国务院财政部门规定。

第六十六条 无营业执照或者未经依法登记、备案的单位以及被依法吊销营业执照或者撤销登记、备案的单位的职工受到事故伤害或者患职业病的，由该单位向伤残职工或者死亡职工的近亲属给予一次性赔偿，赔偿标准不得低于本条例规定的工伤保险待遇；用人单位不得使用童工，用人单位使用童工造成童工伤残、死亡的，由该单位向童工或者童工的近亲属给予一次性赔偿，赔偿标准不得低于本条例规定的工伤保险待遇。具体办法由国务院社会保险行政部门规定。

前款规定的伤残职工或者死亡职工的近亲属就赔偿数额与单位发生争议的，以及前款规定的童工或者童工的近亲属就赔偿数额与单位发生争议的，按照处理劳动争议的有关规定处理。

第六十七条 本条例自2004年1月1日起施行。本条例施行前已受到事故伤害或者患职业病的职工尚未完成工伤认定的，按照本条例的规定执行。

最高人民法院关于审理人身损害赔偿案件适用法律若干问题的解释

（2003 年 12 月 4 日最高人民法院审判委员会第 1299 次会议通过　根据 2020 年 12 月 23 日最高人民法院审判委员会第 1823 次会议通过的《最高人民法院关于修改〈最高人民法院关于在民事审判工作中适用《中华人民共和国工会法》若干问题的解释〉等二十七件民事类司法解释的决定》第一次修正　根据 2022 年 2 月 15 日最高人民法院审判委员会第 1864 次会议通过的《最高人民法院关于修改〈最高人民法院关于审理人身损害赔偿案件适用法律若干问题的解释〉的决定》第二次修正　2022 年 4 月 24 日最高人民法院公告公布　自 2022 年 5 月 1 日起施行　法释〔2022〕14 号）

为正确审理人身损害赔偿案件，依法保护当事人的合法权益，根据《中华人民共和国民法典》《中华人民共和国民事诉讼法》等有关法律规定，结合审判实践，制定本解释。

第一条　因生命、身体、健康遭受侵害，赔偿权利人起诉请求赔偿义务人赔偿物质损害和精神损害的，人民法院应予受理。

本条所称“赔偿权利人”，是指因侵权行为或者其他致害原因直接遭受人身损害的受害人以及死亡受害人的近亲属。

本条所称“赔偿义务人”，是指因自己或者他人的侵权行为以及其他致害原因依法应当承担民事责任的自然人、法人或者非法人组织。

第二条　赔偿权利人起诉部分共同侵权人的，人民法院应当追加其他共同侵权人作为共同被告。赔偿权利人在诉讼中放弃对部分共同侵权人的诉讼请求的，其他共同侵权人对被放弃诉讼请求的被告应当承担的赔偿份额不承担连带责任。责任范围难以确定的，推定各共同侵权人承担同等责任。

人民法院应当将放弃诉讼请求的法律后果告知赔偿权利人，并将放弃诉讼请求的情况在法律文书中叙明。

第三条 依法应当参加工伤保险统筹的用人单位的劳动者，因工伤事故遭受人身损害，劳动者或者其近亲属向人民法院起诉请求用人单位承担民事赔偿责任的，告知其按《工伤保险条例》的规定处理。

因用人单位以外的第三人侵权造成劳动者人身损害，赔偿权利人请求第三人承担民事赔偿责任的，人民法院应予支持。

第四条 无偿提供劳务的帮工人，在从事帮工活动中致人损害的，被帮工人应当承担赔偿责任。被帮工人承担赔偿责任后向有故意或者重大过失的帮工人追偿的，人民法院应予支持。被帮工人明确拒绝帮工的，不承担赔偿责任。

第五条 无偿提供劳务的帮工人因帮工活动遭受人身损害的，根据帮工人和被帮工人各自的过错承担相应的责任；被帮工人明确拒绝帮工的，被帮工人不承担赔偿责任，但可以在受益范围内予以适当补偿。

帮工人在帮工活动中因第三人的行为遭受人身损害的，有权请求第三人承担赔偿责任，也有权请求被帮工人予以适当补偿。被帮工人补偿后，可以向第三人追偿。

第六条 医疗费根据医疗机构出具的医药费、住院费等收款凭证，结合病历和诊断证明等相关证据确定。赔偿义务人对治疗的必要性和合理性有异议的，应当承担相应的举证责任。

医疗费的赔偿数额，按照一审法庭辩论终结前实际发生的数额确定。器官功能恢复训练所必要的康复费、适当的整容费以及其他后续治疗费，赔偿权利人可以待实际发生后另行起诉。但根据医疗证明或者鉴定结论确定必然发生的费用，可以与已经发生的医疗费一并予以赔偿。

第七条 误工费根据受害人的误工时间和收入状况确定。

误工时间根据受害人接受治疗的医疗机构出具的证明确定。受害人因伤致残持续误工的，误工时间可以计算至定残日前一天。

受害人有固定收入的，误工费按照实际减少的收入计算。受害人无固定收入的，按照其最近三年的平均收入计算；受害人不能举证证明其最近三年的平均收入状况的，可以参照受诉法院所在地相同或者相近行业上一年度职工的平均工资计算。

第八条 护理费根据护理人员的收入状况和护理人数、护理期限确定。

护理人员有收入的，参照误工费的规定计算；护理人员没有收入或者雇佣护工的，参照当地护工从事同等级别护理的劳务报酬标准计算。护理人员原则上为一人，但医疗机构或者鉴定机构有明确意见的，可以参照确定护理人员人数。

护理期限应计算至受害人恢复生活自理能力时止。受害人因残疾不能恢复生活自理能力的，可以根据其年龄、健康状况等因素确定合理的护理期限，但最长不超过二十年。

受害人定残后的护理，应当根据其护理依赖程度并结合配制残疾辅助器具的情况确定护理级别。

第九条 交通费根据受害人及其必要的陪护人员因就医或者转院治疗实际发生的费用计算。交通费应当以正式票据为凭；有关凭据应当与就医地点、时间、人数、次数相符合。

第十条 住院伙食补助费可以参照当地国家机关一般工作人员的出差伙食补助标准予以确定。

受害人确有必要到外地治疗，因客观原因不能住院，受害人本人及其陪护人员实际发生的住宿费和伙食费，其合理部分应予赔偿。

第十一条 营养费根据受害人伤残情况参照医疗机构的意见确定。

第十二条 残疾赔偿金根据受害人丧失劳动能力程度或者伤残等级，按照受诉法院所在地上一年度城镇居民人均可支配收入标准，自定残之日起按二十年计算。但六十周岁以上的，年龄每增加一岁减少一年；七十五周岁以上的，按五年计算。

受害人因伤致残但实际收入没有减少，或者伤残等级较轻但造成职业妨害严重影响其劳动就业的，可以对残疾赔偿金作相应调整。

第十三条 残疾辅助器具费按照普通适用器具的合理费用标准计算。伤情有特殊需要的，可以参照辅助器具配制机构的意见确定相应的合理费用标准。

辅助器具的更换周期和赔偿期限参照配制机构的意见确定。

第十四条 丧葬费按照受诉法院所在地上一年度职工月平均工资标准，以六个月总额计算。

第十五条 死亡赔偿金按照受诉法院所在地上一年度城镇居民人均可支配收入标准，按二十年计算。但六十周岁以上的，年龄每增加一岁减少一年；七十五周岁以上的，按五年计算。

第十六条 被扶养人生活费计入残疾赔偿金或者死亡赔偿金。

第十七条 被扶养人生活费根据扶养人丧失劳动能力程度，按照受诉法院所在地上一年度城镇居民人均消费支出标准计算。被扶养人为未成年人的，计算至十八周岁；被扶养人无劳动能力又无其他生活来源的，计算二十年。但六十周岁以上的，年龄每增加一岁减少一年；七十五周岁以上的，按五年计算。

被扶养人是指受害人依法应当承担扶养义务的未成年人或者丧失劳动能力又无其他生活来源的成年近亲属。被扶养人还有其他扶养人的，赔偿义务人只赔偿受害人依法应当负担的部分。被扶养人有数人的，年赔偿总额累计不超过上一年度城镇居民人均消费支出额。

第十八条 赔偿权利人举证证明其住所地或者经常居住地城镇居民人均可支配收入高于受诉法院所在地标准的，残疾赔偿金或者死亡赔偿金可以按照其住所地或者经常居住地的相关标准计算。

被扶养人生活费的相关计算标准，依照前款原则确定。

第十九条 超过确定的护理期限、辅助器具费给付年限或者残疾赔偿金给付年限，赔偿权利人向人民法院起诉请求继续给付护理费、辅助器具费或者残疾赔偿金的，人民法院应予受理。赔偿权利人确需继续护理、配制辅助器具，或者没有劳动能力和生活来源的，人民法院应当判令赔偿义务人继续给付相关费用五至十年。

第二十条 赔偿义务人请求以定期金方式给付残疾赔偿金、辅助器具费的，应当提供相应的担保。人民法院可以根据赔偿义务人的给付能力和提供担保的情况，确定以定期金方式给付相关费用。但是，一审法庭辩论终结前已经发生的费用、死亡赔偿金以及精神损害抚慰金，应当一次性给付。

第二十一条 人民法院应当在法律文书中明确定期金的给付时间、方式以及每期给付标准。执行期间有关统计数据发生变化的，给付金额应当适时进行相应调整。

定期金按照赔偿权利人的实际生存年限给付，不受本解释有关赔偿期限的限制。

第二十二条 本解释所称“城镇居民人均可支配收入”“城镇居民人均消费支出”“职工平均工资”，按照政府统计部门公布的各省、自治区、直辖市以及经济特区和计划单列市上一年度相关统计数据确定。

“上一年度”，是指一审法庭辩论终结时的上一统计年度。

第二十三条 精神损害抚慰金适用《最高人民法院关于确定民事侵权精神损害赔偿责任若干问题的解释》予以确定。

第二十四条 本解释自 2022 年 5 月 1 日起施行。施行后发生的侵权行为引起的人身损害赔偿案件适用本解释。

本院以前发布的司法解释与本解释不一致的，以本解释为准。

最高人民法院关于确定民事侵权精神损害赔偿责任若干问题的解释

（2001 年 2 月 26 日最高人民法院审判委员会第 1161 次会议通过　根据 2020 年 12 月 23 日最高人民法院审判委员会第 1823 次会议通过的《最高人民法院关于修改〈最高人民法院关于在民事审判工作中适用《中华人民共和国工会法》若干问题的解释〉等二十七件民事类司法解释的决定》修正　2020 年 12 月 29 日最高人民法院公告公布　该修正自 2021 年 1 月 1 日起施行　法释〔2020〕17 号）

为在审理民事侵权案件中正确确定精神损害赔偿责任，根据《中华人民共和国民法典》等有关法律规定，结合审判实践，制定本解释。

第一条　因人身权益或者具有人身意义的特定物受到侵害，自然人或者其近亲属向人民法院提起诉讼请求精神损害赔偿的，人民法院应当依法予以受理。

第二条　非法使被监护人脱离监护，导致亲子关系或者近亲属间的亲属关系遭受严重损害，监护人向人民法院起诉请求赔偿精神损害的，人民法院应当依法予以受理。

第三条　死者的姓名、肖像、名誉、荣誉、隐私、遗体、遗骨等受到侵害，其近亲属向人民法院提起诉讼请求精神损害赔偿的，人民法院应当依法予以支持。

第四条　法人或者非法人组织以名誉权、荣誉权、名称权遭受侵害为由，向人民法院起诉请求精神损害赔偿的，人民法院不予支持。

第五条　精神损害的赔偿数额根据以下因素确定：

（一）侵权人的过错程度，但是法律另有规定的除外；

（二）侵权行为的目的、方式、场合等具体情节；

（三）侵权行为所造成的后果；

（四）侵权人的获利情况；

（五）侵权人承担责任的经济能力；

（六）受理诉讼法院所在地的平均生活水平。

第六条 在本解释公布施行之前已经生效施行的司法解释，其内容有与本解释不一致的，以本解释为准。

人力资源社会保障部关于执行《工伤保险条例》若干问题的意见

（2013年4月25日 人社部发〔2013〕34号）

各省、自治区、直辖市及新疆生产建设兵团人力资源社会保障厅（局）：

《国务院关于修改〈工伤保险条例〉的决定》（国务院令第586号）已经于2011年1月1日实施。为贯彻执行新修订的《工伤保险条例》，妥善解决实际工作中的问题，更好地保障职工和用人单位的合法权益，现提出如下意见。

一、《工伤保险条例》（以下简称《条例》）第十四条第（五）项规定的“因工外出期间”的认定，应当考虑职工外出是否属于用人单位指派的因工作外出，遭受的事故伤害是否因工作原因所致。

二、《条例》第十四条第（六）项规定的“非本人主要责任”的认定，应当以有关机关出具的法律文书或者人民法院的生效裁决为依据。

三、《条例》第十六条第（一）项“故意犯罪”的认定，应当以司法机关的生效法律文书或者结论性意见为依据。

四、《条例》第十六条第（二）项“醉酒或者吸毒”的认定，应当以有关机关出具的法律文书或者人民法院的生效裁决为依据。无法获得上述证据的，可以结合相关证据认定。

五、社会保险行政部门受理工伤认定申请后，发现劳动关系存在争议且无法确认的，应告知当事人可以向劳动人事争议仲裁委员会申请仲裁。在此期间，作出工伤认定决定的时限中止，并书面通知申请工伤认定的当事人。劳动关系依法确认后，当事人应将有关法律文书送交受理工伤认定申请的社会保险行政部门，该部门自收到生效法律文书之日起恢复工伤认定程序。

六、符合《条例》第十五条第（一）项情形的，职工所在用人单位原则上应自职工死亡之日起 5 个工作日内向用人单位所在统筹地区社会保险行政部门报告。

七、具备用工主体资格的承包单位违反法律、法规规定，将承包业务转包、分包给不具备用工主体资格的组织或者自然人，该组织或者自然人招用的劳动者从事承包业务时因工伤亡的，由该具备用工主体资格的承包单位承担用人单位依法应承担的工伤保险责任。

八、曾经从事接触职业病危害作业、当时没有发现罹患职业病、离开工作岗位后被诊断或鉴定为职业病的符合下列条件的人员，可以自诊断、鉴定为职业病之日起一年内申请工伤认定，社会保险行政部门应当受理：

（一）办理退休手续后，未再从事接触职业病危害作业的退休人员；

（二）劳动或聘用合同期满后或者本人提出而解除劳动或聘用合同后，未再从事接触职业病危害作业的人员。

经工伤认定和劳动能力鉴定，前款第（一）项人员符合领取一次性伤残补助金条件的，按就高原则以本人退休前 12 个月平均月缴费工资或者确诊职业病前 12 个月的月平均养老金为基数计发。前款第（二）项人员被鉴定为一级至十级伤残、按《条例》规定应以本人工资作为基数享受相关待遇的，按本人终止或者解除劳动、聘用合同前 12 个月平均月缴费工资计发。

九、按照本意见第八条规定被认定为工伤的职业病人员，职业病诊断证明书（或职业病诊断鉴定书）中明确的用人单位，在该职工从业期间依法为其缴纳工伤保险费的，按《条例》的规定，分别由工伤保险基金和用人单位支付工伤保险待遇；未依法为该职工缴纳工伤保险费的，由用人单位按照《条例》规定的相关项目和标准支付待遇。

十、职工在同一用人单位连续工作期间多次发生工伤的，符合《条例》第三十六、第三十七条规定领取相关待遇时，按照其在同一用人单位发生工伤的最高伤残级别，计发一次性伤残就业补助金和一次性工伤医疗补助金。

十一、依据《条例》第四十二条的规定停止支付工伤保险待遇的，在停止支付待遇的情形消失后，自下月起恢复工伤保险待遇，停止支付的工伤保险待遇不予补发。

十二、《条例》第六十二条第三款规定的“新发生的费用”，是指用人单位职工参加工伤保险前发生工伤的，在参加工伤保险后新发生的费用。

十三、由工伤保险基金支付的各项待遇应按《条例》相关规定支付，不得采取将长期待遇改为一次性支付的办法。

十四、核定工伤职工工伤保险待遇时，若上一年度相关数据尚未公布，可暂按前一年度的全国城镇居民人均可支配收入、统筹地区职工月平均工资核定和计发，待相关数据公布后再重新核定，社会保险经办机构或者用人单位予以补发差额部分。

本意见自发文之日起执行，此前有关规定与本意见不一致的，按本意见执行。执行中有重大问题，请及时报告我部。

人力资源社会保障部关于执行《工伤保险条例》若干问题的意见（二）

（2016年3月28日　人社部发〔2016〕29号）

各省、自治区、直辖市及新疆生产建设兵团人力资源社会保障厅（局）：

为更好地贯彻执行新修订的《工伤保险条例》，提高依法行政能力和水平，妥善解决实际工作中的问题，保障职工和用人单位合法权益，现提出如下意见：

一、一级至四级工伤职工死亡，其近亲属同时符合领取工伤保险丧葬补助金、供养亲属抚恤金待遇和职工基本养老保险丧葬补助金、抚恤金待遇条件的，由其近亲属选择领取工伤保险或职工基本养老保险其中一种。

二、达到或超过法定退休年龄，但未办理退休手续或者未依法享受城镇职工基本养老保险待遇，继续在原用人单位工作期间受到事故伤害或患职业病的，用人单位依法承担工伤保险责任。

用人单位招用已经达到、超过法定退休年龄或已经领取城镇职工基本养老保险待遇的人员，在用工期间因工作原因受到事故伤害或患职业病的，如招用单位已按项目参保等方式为其缴纳工伤保险费的，应适用《工伤保险条例》。

三、《工伤保险条例》第六十二条规定的“新发生的费用”，是指用人单位参加工伤保险前发生工伤的职工，在参加工伤保险后新发生的费用。其中由工伤保险基金支付的费用，按不同情况予以处理：

（一）因工受伤的，支付参保后新发生的工伤医疗费、工伤康复费、住院伙食补助费、统筹地区以外就医交通食宿费、辅助器具配置费、生活护理费、一级至四级伤残职工伤残津贴，以及参保后解除劳动合同时的一次性工伤医疗补助金；

（二）因工死亡的，支付参保后新发生的符合条件的供养亲属抚恤金。

四、职工在参加用人单位组织或者受用人单位指派参加其他单位组织的活动中受到事故伤害的，应当视为工作原因，但参加与工作无关的活动除外。

五、职工因工作原因驻外，有固定的住所、有明确的作息时间，工伤认定时按照在驻在地当地正常工作的情形处理。

六、职工以上下班为目的、在合理时间内往返于工作单位和居住地之间的合理路线，视为上下班途中。

七、用人单位注册地与生产经营地不在同一统筹地区的，原则上应在注册地为职工参加工伤保险；未在注册地参加工伤保险的职工，可由用人单位在生产经营地为其参加工伤保险。

劳务派遣单位跨地区派遣劳动者，应根据《劳务派遣暂行规定》参加工伤保险。建筑施工企业按项目参保的，应在施工项目所在地参加工伤保险。

职工受到事故伤害或者患职业病后，在参保地进行工伤认定、劳动能力鉴定，并按照参保地的规定依法享受工伤保险待遇；未参加工伤保险的职工，应当在生产经营地进行工伤认定、劳动能力鉴定，并按照生产经营地的规定依法由用人单位支付工伤保险待遇。

八、有下列情形之一的，被延误的时间不计算在工伤认定申请时限内。

（一）受不可抗力影响的；

（二）职工由于被国家机关依法采取强制措施等人身自由受到限制不能申请工伤认定的；

（三）申请人正式提交了工伤认定申请，但因社会保险机构未登记或者材料遗失等原因造成申请超时限的；

（四）当事人就确认劳动关系申请劳动仲裁或提起民事诉讼的；

（五）其他符合法律法规规定的情形。

九、《工伤保险条例》第六十七条规定的“尚未完成工伤认定的”，是指在《工伤保险条例》施行前遭受事故伤害或被诊断鉴定为职业病，且在工伤认定申请法定时限内（从《工伤保险条例》施行之日起算）提出工伤认定申请，尚未做出工伤认定的情形。

十、因工伤认定申请人或者用人单位隐瞒有关情况或者提供虚假材料，导致工伤认定决定错误的，社会保险行政部门发现后，应当及时予以更正。

本意见自发文之日起执行，此前有关规定与本意见不一致的，按本意见执行。执行中有重大问题，请及时报告我部。

ISBN 978-7-5216-5055-6

图书在版编目（CIP）数据

中国法院2025年度案例. 提供劳务者受害责任纠纷 / 国家法官学院，最高人民法院司法案例研究院编. 北京 ：中国法治出版社，2025. 3. -- ISBN 978-7-5216-5055-6

Ⅰ. D920. 5

中国国家版本馆CIP数据核字第2025X0N421号

策划编辑：李小草　韩璐玮　白天园

责任编辑：白天园　　封面设计：李宁

中国法院2025年度案例．提供劳务者受害责任纠纷

ZHONGGUO FAYUAN 2025 NIANDU ANLI. TIGONG LAOWUZHE SHOUHAI ZEREN JIUFEN

编者/国家法官学院，最高人民法院司法案例研究院

经销/新华书店

印刷/三河市紫恒印装有限公司

开本/730毫米×1030毫米　16开　　印张/ 13.25　字数/ 156千

版次/2025年3月第1版　　2025年3月第1次印刷

中国法治出版社出版

书号 ISBN 978-7-5216-5055-6　　定价：65.00元

北京市西城区西便门西里甲16号西便门办公区

邮政编码：100053　　传真：010-63141600

网址：http：//www.zgfzs.com　　**编辑部电话：010-63141784**

市场营销部电话：010-63141612　　**印务部电话：010-63141606**

（如有印装质量问题，请与本社印务部联系。）